U0061568

全球發展視野下的
中國脫貧與世界發展

歷史性句號

中國日報社中國觀察智庫　主編

A Historical End

Global Perspectives on
China's Poverty Alleviation
and World Development

策 劃 編 輯 團 隊

Editorial and Production Team

編 寫 説 明

　　"70 年來，中國人民發憤圖強、艱苦創業，創造了'當驚世界殊'的發展成就，千百年來困擾中華民族的絕對貧困問題即將歷史性地劃上句號，書寫了人類發展史上的偉大傳奇！"這句話出自習近平主席在慶祝中華人民共和國成立 70 週年招待會上的講話，充分表達了對決戰決勝脫貧攻堅的必勝信心和堅定決心。在中國共產黨的堅強領導下，中國人民創造了人類歷史上前所未有的脫貧奇跡。2020 年，中國消除了絕對貧困，逐步實現了全面建成小康社會的目標，提前 10 年率先實現聯合國《2030 年可持續發展議程》的第一目標，譜寫人類減貧史上的壯麗篇章。本書闡述了中國減貧對全球貧困治理的積極意義，充分展現了中國脫貧為推動人類發展事業作出的巨大貢獻，從國際視角出發，多維度探索中國精準扶貧方略在經濟、社會等領域的寶貴經驗和啟示，向世界分享中國經驗、中國智慧、中國方案，秉持構建人類命運共同體的崇高理念，與世界各國一道，共同促進全球減貧。

　　本書從國際視野審視中國脫貧攻堅戰，結合統計數據和典型案例，論述中國脫貧和全面建成小康社會的世界價值和意義。全書共分為四篇：第一篇主要圍繞中國脫貧和全面建成小康社會的世界意義，探討中國經濟社會高速發展、成功擺脫貧困的深層次原因，以及中國脫貧這一標誌性成就帶給世界其他發展中國家的啟迪和希望。第二篇從微觀的角度，對中國在摸索脫貧致富方方面面的舉措進行梳理和分析，意在總結有益實踐，為更高效推廣經驗和鞏固成果提供參考。第三篇從國際扶貧合作與經驗交流的維度，不僅記錄了國際力量助力中國脫貧的舉措，同時還側重中國如何開展國際互助，把先進技術和經驗以可持續發展的思路推廣給其他地區，有力推動實現聯合國《2030 年可持續發展議程》目標。第四篇圍繞中國邁向下一個百年目標和鞏固脫貧成果這兩個關鍵議題，對防止返貧、全面建成小康社會的挑戰、如何保持可持續發展等一些國內外都非常關心的話題展開了討論。

本書撰稿人均為全球從事扶貧事業知名機構的代表、相關領域的權威學者。同時，還有一些國內的知名專家、有國際影響力的資深學者和政商界精英。相信通過彙輯這些對中國扶貧探索的前瞻性分析和研究，將能讓國內讀者了解外部世界如何看待中國脫貧，還能帶給海內外從事中國發展研究的人士更多的線索和靈感，為全球減貧治理添磚加瓦。

本書編寫組

2020 年 12 月

序 言

這部減貧作品的出版意義重大。

中國日報旗下傳播型智庫中國觀察與廣東人民出版社展開了富有成效的合作，並積極出版了這部減貧圖書，對此，本人表示衷心祝賀。無論是對於中國還是對於世界，減貧這個主題都可謂影響深遠。在這本書中，中國和國外作者就這一問題各抒己見、暢所欲言。毋庸置疑，這一問題理應成為全球促進可持續發展和"尊重人的尊嚴"的核心。

2015 年通過的聯合國《2030 年可持續發展議程》將"消除貧窮"作為首要目標，即"在 2030 年以前消除全世界一切形式的貧窮"，這並不是偶然。如果想要實現"不讓任何人掉隊"，這是根本性的使命，也是《2030 年可持續發展議程》的基本目標。

中國改革開放 40 多年來，經過不懈努力，到 2015 年，有 7.3 億多貧困人口成功脫貧，佔同期全球減貧人口總數的 70% 以上。中國經濟奇跡中，有一點值得注意：中國政府已將人的發展作為其政策的重點。中國實行有針對性的、強有力的經濟和社會政策，確保沒有一個人掉隊。

為響應聯合國《2030 年可持續發展議程》，中國實施了令人印象深刻的政策——精準扶貧，目標是到 2020 年，全面消除中國農村極端貧困，提前 10 年實現聯合國《2030 年可持續發展議程》中的"消除貧困"目標。

習近平主席已將脫貧定為 2017 年至 2020 年的"三大戰役"之一,由此發起了"有史以來規模最大的一次脫貧攻堅戰"。可謂成果斐然,舉世矚目。

2019 年,適值中華人民共和國成立 70 週年,聯合國發佈了最新《人類發展報告》。該報告認識到中國發生的重大變化,不僅在經濟增長方面,更重要的是,在人類可持續發展進程的各個方面。

中國在這方面的進步可謂舉世矚目。自 1990 年引入人類發展指數以來,中國是世界上唯一一個從"低人類發展水平"躍升至"高人類發展水平"的國家。

2005 年,偉大的反種族隔離鬥士、南非前總統納爾遜·曼德拉發表了一篇載入史冊的著名演講《讓貧困成為歷史》。曼德拉在演講中說:"消除貧困並非做慈善,而是事關正義。消除貧困就是保護基本人權,擁有尊嚴和體面的生活。只要存在貧困,就談不上真正的自由。"

如今,中國已經取得了非凡的成就。在減貧方面,中國創造了歷史。

當然,今年,世界各國面臨全球性公共衛生危機。我們需要強有力的國際合作和政治承諾,從而讓全人類攜起手來,共同戰勝新冠病毒。

但是,與貧困的鬥爭還應該不斷繼續,甚至應該加快減貧步伐。許多國家,貧困根深蒂固、積重難返,貧困剝奪了億萬人的尊嚴與發展。中國已經逐漸步入小康社會,與此同時,世界許多地區的貧困問題依然形勢嚴峻。

中國在經濟和社會發展方面的經驗不僅造福了中國人民,並且在多個領域為互聯互通的世界帶來了進步。

本書內容豐富翔實,希望它能夠成為一個助推器,加快實現聯合國可持續發展的首要目標——消除貧窮。

中國提出了"構建人類命運共同體"的宏偉願景,正是提醒我們,開放包容始終是世界的重中之重。

Irina Bokova

伊琳娜·博科娃

聯合國教科文組織前總幹事(2009—2017)

2020 年 4 月 4 日

前　言

中華人民共和國成立 70 年來，中國在脫貧方面取得的成就舉世矚目。2020 年，儘管面對新冠肺炎疫情這道難度空前的 "加試題"，中國仍以更加堅定的信心，排除萬難，在毫不放鬆抓好常態化疫情防控的同時，不斷加大脫貧攻堅力度。

在決戰決勝脫貧攻堅的關鍵時刻，習近平主席指出，脫貧攻堅不僅要做得好，而且要講得好。一個 14 億人口的大國消除絕對貧困，是人類發展史上的壯舉。怎樣呈現這一波瀾壯闊的歷史畫卷，是擺在我們面前的重大課題。我們要站在時代高度，面向世界講好中國脫貧攻堅故事，讓世界讀懂中國脫貧攻堅的偉大實踐。

20 年前，聯合國千年首腦會議通過了以減貧為首要目標的 "千年發展目標"。經過不懈努力，全球減貧事業取得重大進展，同時各國繼續為實現 2030 年可持續發展目標而奮鬥。作為世界第一人口大國，中國在 5 年前就基本實現 "千年發展目標" 中減貧目標的發展中國家。

2018 年，聯合國秘書長安東尼奧·古特雷斯在出席中非合作論壇北京峰會時，在採訪中提到："過去 10 年，中國是為全球減貧作出最大貢獻的國家。" 很多國際人士也深信，中國將如期實現消除絕對貧困的目標，中國的減貧成績為全球減貧作出了重要貢獻，中國的扶貧脫貧經驗對世界各國的減貧事業意義非凡。

在習近平主席親自指揮部署下，走在中國特色減貧道路上的 14 億中國人民，即將實現第一個百年奮鬥目標——全面建成小康社會。這將給長時間困擾中華民族的絕對貧困問題歷史性地畫上句號，也必然具有更廣泛的世界意義。

在這樣的背景下，中國日報旗下中國觀察智庫和廣東人民出版社合作出版了這本有關中國扶貧經驗及其對世界意義的評論集《歷史性句號：全球發展視野下的中國脫貧與世界發展》（繁體版則由香港三聯書店出版）。上海合作組織秘書長弗拉基米爾·諾羅夫、英國財政部前商務大臣吉姆·奧尼爾、世界銀行前副行長伊恩·高登、國務院扶貧開發領導小組專家諮詢委員會委員李小雲、中國國際扶貧中心主任劉俊文等 40 多位國際知名人士應邀寫作。他們或根據自己的學術研究，或結合親身經歷，詳細介紹了中國扶貧減貧的方法，生動描繪了中國建設小康社會帶來的巨變，並高度讚揚了中國脫貧攻堅的非凡成就。

劉俊文提到："黨的十八大以來，以習近平同志為核心的黨中央把脫貧攻堅擺到治國理政的突出位置，實施精準扶貧精準脫貧方略，創造了中國減貧史上的最好成績。精準扶貧成為推動全球減貧進程的重要經驗，為實現聯合國《2030 年可持續發展議程》目標貢獻了中國智慧和中國方案。"

弗拉基米爾·諾羅夫在書中寫道："自 1978 年中國實行改革開放以來，中國累計已有近 8 億貧困人口脫貧，佔同期全球減貧人口總數的 70% 以上。放在世界範圍內看，這一減貧數據甚至超過了今天拉丁美洲的人口總數。"

吉姆·奧尼爾在文章中讚歎："中國不僅使數億人擺脫了貧困，而且使大約一半人口的生活水平達到了七國集團主要經濟體的標準。"

　　通過幾十位作者從不同角度對中國減貧成就的剖析，本書深刻揭示了中國減貧成功背後的深層次原因，這也將進一步啟發讀者去探索中國減貧奇跡對全球發展的重要意義。

　　中國是世界減貧的最大貢獻者。中國反貧困完成的是歷史性跨越。作為曾經最貧窮的國家之一，中國是世界現代史上無可爭辯的"減貧巨人"。20 世紀 80 年代後的 30 多年，中國累計減貧 8 億多人，以佔世界五分之一的人口貢獻了全球七成以上的減貧總量。同時，中國扶貧攻堅的難度之大非同尋常。國際經驗表明，最後 10% 的貧困人口是"貧中之貧""困中之困"，是減貧脫貧的"難中之難"。2012 年底以來，中國減貧9000 多萬人，貧困發生率從 10.3% 降至 0.6%。今年完成脫貧攻堅任務，中國將提前 10 年實現聯合國《2030 年可持續發展議程》的減貧目標。這麼短時間實現這麼多人口脫貧，是新時代中國發展進步的最鮮明標誌。

　　"以人民為中心"是中國共產黨最深入人心的執政理念。"脫貧攻堅"是"瓦解關於中國的偏見、改變對中國認知的最強有力敘事"。世界上沒有任何其他國家的領導人，把一個基於"確切時間表"的減貧目標作為自己的施政綱領並作出鄭重承諾。美國庫恩基金會主席羅伯特·勞倫斯·庫恩在文章中感歎道："我們驚訝地發現，中國為每個貧困戶都完成了建檔立卡工作，並制定了與之相對應的精準脫貧計劃。"

　　"人民"二字是中國扶貧故事的靈魂。徹底改變億萬貧困人口的命運，就是把"人民對美好生活的嚮往"作為奮鬥目標的最生動實踐。同時，如習近平總書記所指出的，"脫貧致富終究要靠貧困群眾用自己的辛勤勞動來實現"。我們要始終把人民作為脫貧攻堅故事的主角，書寫人民創造歷史的時代記錄。

　　扶貧成績打造了新時代貧困治理的中國話語。消除貧困是人類面臨的歷史任務，也是困擾世界的現實話題。長期以來，從"什麼是貧困"到

"怎麼消除貧困"，西方形成一套佔據主導地位的話語體系。全球減貧格局的演變將推動構建新的反貧困理論。中國減貧扶貧脫貧的實踐創新，蘊含著豐富的貧困治理話語資源。我們要圍繞"精準扶貧"這一新型貧困治理模式和科學理論體系，在講好中國脫貧攻堅故事的過程中，構建面向世界的中國特色扶貧話語體系，不斷提升貧困治理國際話語權。

周樹春

中國日報社總編輯

2020 年 10 月

編 者 介 紹

中國觀察智庫

中國日報社中國觀察智庫，是中國日報依託遍佈全球的高端資源和傳播渠道，傾力打造的傳播型智庫。該智庫匯聚全球中國問題研究的意見領袖、政治人物和商界精英，集納海內外 "最強大腦" 的權威觀點，建設中國研究的全球 "朋友圈"，促進交流互鑒，提升研究水平，推動形成新理論、創造新智慧，影響並引領全球中國問題研究方向。致力於成為內容具有聚合性、權威性和工具性，傳播效果具有穿透性的高端智庫平台，並使其成為全球中國議題最權威的平台和風向標，服務於傳播中國、影響世界、促進溝通和理解、推動建設人類命運共同體的使命。

《中國日報》是國家英文日報，創刊於改革開放之初。經過 40 年的發展，已經建成覆蓋全球的集平面媒體、網站、移動新媒體、社交媒體、電郵簡報以及系列品牌產品的全媒體傳播網絡，有效進入海外主流社會，形成傳播優勢，並積累了豐富的專業人才、分發渠道、運營經驗和人脈資源優勢，旗下的《中國觀察報》與 20 餘個國家的 30 餘家權威媒體開展深度合作，期均發行 500 萬份。《中國日報》是國內外高端人士首選的中國英文媒體，是講述中國故事、傳播中國理念、塑造中國改革開放形象的重要媒體平台。

撰 稿 人

以文章出現先後排序，多於一篇的僅在首篇列出。

I

第一篇 偉大傳奇

弗拉基米爾‧諾羅夫 / Vladimir Norov

上海合作組織秘書長，烏茲別克斯坦前外長。

Secretary-General of the Shanghai Cooperation Organization, former minister of Foreign Affairs of Republic of Uzbekistan.

高大偉 / David Gosset

漢學家，中歐論壇創始人。

Sinologist, founder of the Europe-China Forum.

羅伯特‧勞倫斯‧庫恩 / Robert Lawrence Kuhn

美國庫恩基金會主席，中國改革友誼獎章獲得者，《前線之聲：中國脫貧攻堅》主持人、撰稿人。

Chairman of the Kuhn Foundation, China Reform Friendship Medal Recipient, the host and writer of the documentary *Voices from the Frontline: China's War on Poverty.*

胡鞍鋼 / Hu Angang

清華大學國情研究院院長、清華大學公共管理學院教授。

Dean of the Institute for Contemporary China Studies, professor at the School of Public Policy and Management at Tsinghua University.

赫福滿 / Bert Hofman

世界銀行駐中國代表處經濟部主任、首席經濟學家。

Chief economist, World Bank's Country Director for China.

江詩倫 / Lauren A. Johnston

倫敦大學亞非學院副研究員。

Research associate at SOAS University of London, China Institute.

劉俊文 / Liu Junwen

中國國際扶貧中心主任。

Director general of the International Poverty Reduction Center in China.

阿拉文・耶勒里 / Aravind Yelery

北京大學滙豐商學院高級研究員。

Senior research fellow at HSBC Business School at Peking University.

伊凡娜·拉德傑維克 / Ivona Ladjevac

塞爾維亞貝爾格萊德國際政治經濟研究所"一帶一路"地區研究中心主任。

Head of Regional Center Belt and Road Initiative, Institute of International Politics and Economics, Belgrade.

尹樹廣 / Yin Shuguang

香港《文匯報》前副總編輯，中國國際戰略研究基金會研究員。

Former deputy editor-in-chief of Hong Kong newspaper Wen Wei Po and researcher at China Foundation for International and Strategic Studies.

伍鵬 / Wu Peng

中國扶貧基金會國際發展部主任。

Director of the International Development Department of the China Foundation for Poverty Alleviation.

張弛 / Zhang Chi

中國社會科學院經濟研究所助理研究員。

Assistant researcher at the Institute of Economics, Chinese Academy of Social Sciences.

穆罕默德·阿西夫·努爾 / Muhammad Asif Noor

巴基斯坦和平與外交研究所所長。

Director of Institute of Peace and Diplomatic Studies in Pakistan.

漢弗萊‧莫希 / Humphrey P.B. Moshi

達累斯薩拉姆大學經濟學教授，中國研究中心主任，坦桑尼亞公平競爭委員會主席。

Professor of economics of the University of Dar es Salaam, director of the Centre for Chinese Studies, and chairman of Tanzania's Fair Competition Commission.

王剛 / Wang Gang

中國駐烏拉圭大使。

Chinese ambassador to Uruguay.

第二篇 百年目標

喬瓦尼‧特里亞 / Giovanni Tria

意大利經濟與財政部前部長。

Italian former minister of Economy and Finances.

萬廣華 / Wan Guanghua

復旦大學特聘二級教授、世界經濟研究所所長。

Professor and director of the Institute of World Economy at Fudan University.

樊勝根 / Fan Shenggen

全球食物經濟與政策研究院院長，國際食物政策研究所前所長。

Professor and director of Acadcmy of Global Food Economics and Policy at China Agricultural University, former director general of the International Food Policy Research Institute.

卡洛斯 · 阿基諾 / Carlos Aquino

秘魯聖馬科斯國立大學教授、亞洲研究中心協調員。

Professor and coordinator of the Center of Asian Studies at National University of San Marcos.

王華 / Hua Wang

法國里昂商學院副校長，創新管理和管理經濟學教授。

Deputy president at Emlyon Business School, professor of Innovation Management and Managerial Economics.

蔡昉 / Cai Fang

中國社會科學院副院長、學部委員，中國社會科學院國家高端智庫副理事長、首席專家。

Vice-president of the Chinese Academy of Social Sciences (CASS), chairman of the National Institute for Global Strategy of CASS.

高書國 / Gao Shuguo

中國教育學會副秘書長、研究員。

Deputy secretary-general and researcher of the Chinese Education Society.

林伯強 / Lin Boqiang

廈門大學中國能源政策研究院院長。

Head of the China Institute for Studies in Energy Policy at Xiamen University.

胡敏 / Hu Min

綠色創新發展中心主任。

Director of Green Development Program.

迭戈·蒙特羅 / Diego Mendero

綠色創新發展中心戰略顧問。

Strategic advisor of Green Development Program.

蔣希蘅 / Jiang Xiheng

中國國際發展知識中心副主任。

Vice-President at the China Center for International Knowledge on Development.

洪勇 / Hong Yong

商務部研究院電子商務研究所副研究員。

Deputy researcher of E-Commerce Research Institute, Chinese Academy of International Trade and Economic Cooperation of the Ministry of Commerce.

章文光 / Zhang Wenguang

北京師範大學政府管理學院院長、農村治理研究中心主任。

President of School of Government, director of Research Center for Rural Areas at Beijing Normal University

利婭·林奇 / Leah Lynch

睿納新國際諮詢公司副總監。

Deputy director at Development Reimagined.

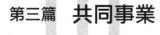

第三篇　共同事業

馬凱碩 / Kishore Mahbubani

新加坡國立大學教授，新加坡前駐聯合國大使。

Professor at the National University of Singapore, former Singaporean ambassador to the United Nations.

沈陳 / Shen Chen

中國社會科學院世界經濟與政治研究所助理研究員。

Assistant research fellow of the Institute of World Economics and Politics at the Chinese Academy of Social Sciences.

保羅・魯道夫・尤尼亞托 / Paulus Rudolf Yuniarto

印度尼西亞科學院地區資源研究中心高級研究員，復旦發展研究院訪問學者。

Senior researcher at the Research Center for Area Studies of Indonesian Institute of Sciences, visiting scholar at Fudan University Research Institute.

凌邁 / Ehizuelen Michael Mitchell Omoruyi

浙江師範大學非洲研究所研究員。

Researcher of the Institute of African Studies at Zhejiang Nomal University, China.

第四篇　未來可期

伊恩・高登 / Ian Goldin

牛津大學全球化與發展學教授，曾任世界銀行副行長。

Professor of Globalization and Development at the University of Oxford and former vice-president of the World Bank.

格雷厄姆・艾利森 / Graham Allison

哈佛大學肯尼迪政府學院首任院長、教授，哈佛大學貝爾弗科學與國際事務中心主任。

Professor and the first director of the Harvard Kennedy School, director of Harvard's Belfer Center.

李小雲 / Li Xiaoyun

中國農業大學文科講席教授、國務院扶貧開發領導小組專家諮詢委員會委員。

Chair professor of Humanities at China Agricultural University, member of the Advisory Committee of the State Council Leading Group of Poverty Alleviation and Development.

俞子榮 / Yu Zirong

商務部國際貿易經濟合作研究院副院長。

Vice-President of the Chinese Academy of International Trade and Economic Cooperation of the Ministry of Commerce.

朱海波 / Zhu Haibo

中國農業科學院農業信息研究所副研究員。

Associate professor of Agricultural Information Institute of the Chinese Academy of Agricultural Sciences.

孫靚瑩 / Sun Jingying

中國社會科學院世界經濟與政治研究所、國家全球戰略智庫特約研究員。

Researcher of the Institute of World Economics and Politics and National Institute for Global Strategy at the Chinese Academy of Social Sciences.

吉姆・奧尼爾 / Jim O'Neill

"金磚四國"概念首創者,英國財政部前商務大臣,英國皇家國際事務研究所主席。

Coiner of the term "BRIC", former commercial secretary to the UK Treasury and chair of Chatham House.

貝安之 / Andreas Pierotic

2014 年至 2019 年任智利共和國駐華大使館公使銜參贊兼經貿處處長，曾任智利外交部國際經濟關係總局中國事務處處長。

Minister counselor and head of the Economic & Trade Department of the Embassy of Chile in China from 2014 to 2019, trade negotiator for the government of Chile, China desk in the General Directorate for International Economic Relations of the Ministry of Foreign Affairs of Chile.

楊小茸 / Yang Xiaorong

中國駐馬達加斯加前大使。

Former Chinese ambassador to Madagascar.

尼亞茲・艾哈邁德・汗 / Niaz Ahmed Khan

達卡大學發展研究系教授和前主任，布拉克（BRAC）治理與發展研究所高級學術顧問，孟加拉國熱帶森林保護基金會主席，國際自然保護聯盟（IUCN）孟加拉國前代表。

Professor and former Chairman of Department of Development Studies at University of Dhaka, senior academic adviser of BRAC Institute of Governance and Development, chairman of Bangladesh Tropical Forest Conservation (Arannayak) Foundation and former country representative-Bangladesh of IUCN-International Union for Conservation of Nature.

阿爾維・斯里約恩 / Alvy Al Srijohn

孟加拉國達卡市國家紡織工程與研究所發展研究系講師。

Lecturer in Development Studies at the National Institute of Textile Engineering & Research (NITER), Dhaka, Bangladesh.

目 錄

第一篇 偉大傳奇
中國脫貧和全面建成小康社會的世界意義

第二篇 百年目標

中國精準扶貧的經驗與創新

I

第一篇

偉大傳奇

中國脫貧和全面建成小康社會的
世界意義

| 第一章 |

中國脫貧是對人類發展事業了不起的貢獻

一、中國減貧成就給世界的啟發 [①]

中國是全球首個完成聯合國千年發展目標中有關 2030 年前減貧任務的發展中國家。聯合國秘書長安東尼奧·古特雷斯曾稱讚中國為"減貧領域的世界紀錄保持者"。

自 1978 年中國實行改革開放以來，中國累計已有近 8 億貧困人口脫貧，佔同期全球減貧人口總數的 70% 以上。放在世界範圍內看，這一減貧數據甚至超過了今天拉丁美洲的人口總數。

英國海外發展研究院認為，中國減貧事業的成功得益於兩大優勢：一是經濟長期保持較快增速，使減貧舉措能夠獲得充足資金；二是政治體制穩定，有利於國家持續、穩定地制定和落實減貧政策。

比如，1952 年至 2019 年，中國工業生產總值增長了近 1000 倍，年均增長率達 11%，人均收入增長了 70 倍。除了中國，世界上還沒有哪個國家實現過如此快速的經濟發展。

在扶貧鬥爭中，中國通過吸引投資、推進工業化以及對國民經濟各領域提供有針對性的發展援助，來擴大就業並實現對工業生產的合理分配。

---

① 作者：弗拉基米爾·諾羅夫，上海合作組織秘書長，烏茲別克斯坦前外長。

例如，2016 年春，中國農業發展銀行宣佈計劃於 5 年內投入 4600 億美元用於農村減貧工作。

在中國，正是農村居民率先感受到經濟改革的積極影響。中國政府實行土地改革，同時提高穀物和農產品的收購價格，以激勵農民增產。此舉既可增加當地居民的實際收入，也可滿足國內市場的消費需求。

中國政府根據各地資源稟賦協助改善當地基礎設施。"要想富，先修路"口號成為中國式減貧的鮮明特色。時至今日，中國仍在實施一系列規模龐大的基建工程，目的就是要"村村通路、戶戶聯網"，開車就能抵達這個國家的任何一個偏遠角落。

在扶貧過程中，旅遊業也成為富有吸引力的產業，有力促進了農村地區發展。旅遊業能創造大量就業崗位和生產機會，特別是在開展其他類型經濟活動十分困難的地區。中國統計數據表明，2011 年至 2014 年，有超過 1000 萬貧困人口（佔中國最貧困人口的 10%）藉助旅遊業成功脫貧。預計中國農村的 300 萬旅遊實體每年能夠接待遊客多達 20 億人。

據中國文化和旅遊部統計，2018 年旅遊業為中國國內生產總值貢獻了 9.94 萬億元人民幣（約合 1.4 萬億美元），約佔當年中國國內生產總值的 11.04%。同時，旅遊業創造了近 8000 萬個就業崗位，佔中國就業總人口的 10.29%。

2019 年諾貝爾經濟學獎得主、來自麻省理工學院的經濟學家阿比吉特·巴納吉和埃瑟·杜弗洛認為，受過良好教育、健康和飲食充足的人口會影響投資回報率，正是這些因素在推動快速發展和減貧過程中起到關鍵作用。

在改革開放初期，中國政府就意識到，只有更加重視國民教育和健康水平，才能從源頭上消除貧困，防止貧困"代代相傳"。

根據世界銀行的數據，中國人口識字率從 1982 年的 65.5% 上升到 2018 年的 96.8%，超過了 86.3% 這一世界平均水平。這是中國取得的又一個偉大成就！2019 年中國對教育的投入達 5.01 萬億元人民幣（約合 7066 億美元），比 2018 年增加 8.74%。

2020 年中國將有 22842 名教師被派往貧困地區支教[1]，以幫助當地完成 2020 年至 2021 年教學計劃。其中，21635 名教師將在當地中小學從事九年制義務教育工作。上述舉措是中國通過教育實施精準扶貧的關鍵一步。

在 21 世紀初，僅有不足三分之一的中國居民享有醫療保險。2006 年中國開始實施醫療體制改革，使之能更多惠及農村貧困人口。

通過改革，已有近 8 億中國農民獲得了基本醫療保障。中國醫保體系已基本實現城鄉百分百全覆蓋。這種國民獲取醫療保健服務的平等性，是實現社會和諧的必要條件。

從本質上講，中國已為其龐大人口提供了完善的社會保障機制，以保護國民免於承擔巨額醫療費用。這為建設公正、繁榮的社會作出了巨大貢獻。

同時，中國創新了脫貧模式。中國政府運用先進的信息通信技術，為偏遠地區提供電子商務等現代科技應用的支持，為貧困地區的農產品找到了銷路。

根據公開數據，2019 年中國網民規模已達 8.54 億人，其中超過 2.25 億人是農村居民，全國互聯網普及率則達 61%。[2] 2014 年至 2017 年間，中國農村地區的網上零售額從 1800 億元人民幣增長到 1.24 萬億元人民幣，年均增長 91%，同期全國範圍內的增長率則為 35%。

今天，中國 40% 的人口生活在農村地區，土地退化加劇農村貧困。為此，中國政府實施了"三北防護林計劃"，也被稱為中國的"綠色長城"

---

[1] 編者按：本書數據均於 2020 年前彙編及預測，後同不贅。

[2] 數據來源：2019 年 10 月第六屆世界互聯網大會。

項目，旨在防止荒漠擴張。根據該計劃，到 2050 年中國將實現 35 萬平方千米國土的綠化目標。1978 年至 2017 年，中國已種植了 660 多億棵樹，顯著改善了當地生態環境，增強了居民健康。

改革開放 40 餘年來，中國貧困人口減少了接近 95%。對中國而言，扶貧不僅是重大的社會發展任務，也意味著巨大的國內發展資源。隨著生活條件越來越好，中國人民對高質量產品的需求越來越大。為了不失去不斷增長的國內消費市場，中國企業必須生產出技術含量更高、質量更優的產品。於是，減貧脫貧成為 "中國製造" 戰略的重要組成部分。

世界其他國家也應以中國為例，學習和借鑒中國的扶貧經驗。因為即使在大多數發達國家，貧困和衣食難保的情況也無法避免。中國的扶貧經驗表明，政府專注於從根源上消除貧困並為居民創造條件以獨立解決這一艱巨任務是多麼的重要。

中國是世界第二大經濟體，為世界貢獻三分之一的經濟增長。中國的部分工業水平位居世界前列，不僅能滿足國內需求，也對推動世界經濟恢復增長和在全球範圍內消除貧困發揮關鍵作用。

根據聯合國統計，中國之外的發展中國家減貧速度相當緩慢，貧困人口甚至還在增加。例如，撒哈拉以南非洲地區的極端貧困人口從 1990 年的 2.78 億人增加到 2015 年的 4.13 億人，佔世界貧困人口的一半以上。

非洲國家普遍貧困的主要原因與債務缺口和公共債務急劇增加有關。過去的 5—6 年中，非洲國家的債務總額增長了一倍，2018 年時佔到當年國內生產總值的 53%。撒哈拉以南非洲 45 個國家中，有 33 個是最不發達國家。

中國不僅同世界分享了扶貧經驗，也向非洲等貧困人口較多的地區伸出了援手。2020 年 6 月，中國國家主席習近平在中非團結抗疫特別峰會上發言表示，中方將在中非合作論壇框架下免除有關非洲國家截至 2020 年底到期對華無息貸款債務。

中國還呼籲二十國集團（G20）進一步延長對包括非洲國家在內的相關國家緩債期限，希望國際社會特別是發達國家和多邊金融機構在非洲減緩債問題上採取更有力行動。

二、中國脫貧成就及其國際影響 [①]

> 讓貧困人口和貧困地區同全國一道進入全面小康社會是我們黨的莊嚴承諾……中國共產黨是為中國人民謀幸福的政黨，也是為人類進步事業而奮鬥的政黨。中國共產黨始終把為人類作出新的更大的貢獻作為自己的使命。
>
> ——中國共產黨第十九次全國代表大會報告
>
> 2017 年 10 月 18 日

聖雄甘地曾說："貧窮才是最糟糕的暴力。""消除貧困"在聯合國 17 個可持續發展目標中排在首位。

中華人民共和國成立以來最偉大的成就之一就是脫貧。2020 年，中國將消除絕對貧困，實現全面建成小康社會的目標。中國人口佔世界人口的 18%，因其在世界人口結構中的重要比例，中國脫貧將為人類進步作出巨大貢獻。

世界銀行前行長羅伯特·佐利克在《2030 年的中國》的序言中寫道："中國在過去 30 年的經濟表現是舉世矚目的。中國成功發展的故事，為其他國家效仿此成功模式提供了寶貴經驗。" [②]

---

① 作者：高大偉，漢學家，中歐論壇創始人。

② 世界銀行與國務院發展研究中心聯合課題組：《2030 年的中國》研究報告，中國財政經濟出版社，2013 年。

（一）中國治理模式、基礎設施、教育、性別平等、醫療保健、可持續城市化：共同闡釋中國發展

在發展經濟學領域，有幾個相互依存的因素共同闡釋中國的發展成就。

第一，中國的治理模式能高效地集中力量進行動員。具體來說就是，只要明確了目標，中國就能集中所有有用力量和資源以達成目標。

2012 年，時任中共中央總書記胡錦濤在中國共產黨第十八次全國代表大會報告中展示了同樣的雄心：＂如期全面建成小康社會任務十分艱巨，全黨同志一定要埋頭苦幹、頑強拚搏。＂

2017 年 10 月，中共中央總書記習近平在中國共產黨第十九次全國代表大會報告中明確指出：＂讓貧困人口和貧困地區同全國一道進入全面小康社會是我們黨的莊嚴承諾。要動員全黨全國全社會力量，堅持精準扶貧、精準脫貧。＂

除了動員能力外，中國治理模式的另一優勢是長期連續執政。在社會轉型時期，連續執政對中國這樣的大國起著至關重要的作用。

第二，中國堅持走自己的發展道路。在許多國家跟隨西方思想和發展模式的情況下，中國不模仿任何國家，反而成為一位社會政治變革中的巨人。

1978 年以來，鄧小平將中國引上了改革開放的道路，實行社會主義市場經濟，將政府宏觀調控與市場經濟相結合，顯著加快了中國經濟發展的進程。正如鄧小平所說：＂不管黑貓白貓，捉到老鼠就是好貓。＂

在脫貧攻堅戰中，中國一直把注意力放在正確的地方。

第三，中國的發展進步得益於對基礎設施的建設。中國走了一條正確的發展道路，用一句中國的俗話來表達就是＂要想富，先修路＂。中國的治理方式與其建設大型基礎設施項目的能力之間有著明顯的聯繫。從這個角度看，縱觀歷史，中國一直是基礎設施建設強國（如都江堰灌溉系統、長城、大運河的建造）。

第四，與基礎設施建設同樣重要的是教育問題。中國的教育體制把整個國家的識字率提高到前所未有的高度。現如今，中國識字率達 96% 以上，而人口規模與中國相當的印度僅為 71%。有研究表明，撒哈拉沙漠以南的非洲國家的識字率為 65%，這會對經濟社會的發展造成巨大障礙。

第五，教育促進了中國婦女的解放，促進性別平等的實現。"婦女能頂半邊天"，人們經常引用毛澤東的這句名言，因為它蘊含著真理。第七任聯合國秘書長科菲·安南把婦女地位和經濟發展之間的聯繫闡釋得非常清楚："實現性別平等的意義不僅僅是這個目標本身，更是應對減貧挑戰的前提。" 在聯合國 17 個互相關聯的可持續發展目標中，"性別平等" 位居第五。

第六，隨著改革開放的成功，中國已經有能力建立起基礎醫療保健系統。隨著 2005 年新型農村合作醫療制度的推出，基本醫療保險已覆蓋 8 億農村居民。

在 2013 年出版的《勝利大逃亡：健康、財富和不平等的起源》一書中，安格斯·迪頓寫道："人類歷史上最偉大的逃亡是擺脫貧困與早逝。" 而正因其對貧困與社會福利的分析，安格斯·迪頓獲得 2015 年諾貝爾經濟學獎。

中國擺脫貧困的 "逃亡" 也是其擺脫早逝的 "逃亡"。1949 年，中國人的人均預期壽命是 35 歲。而今天，這個數字變成了 77。2018 年世界衛生組織數據有一大看點：這一年，中國人均健康預期壽命首次超過美國。美國嬰兒出生時的人均預期壽命仍高於中國，但美國人最後 10 年的生命質量並不樂觀。

第七，城市化相對和諧發展是脫貧的助力因素。"可持續城市和社區"是聯合國可持續發展目標中的第 11 個。城市能帶來就業機會，但世界上很多城市都和貧民區相伴相生。而中國能夠避免世界上其他主要城市遇到的這一問題，這是一個了不起的成就。

（二）中國對世界的貢獻

中國向世界傳遞的信號非常明確：貧困不是命定的，貧困是可以打敗的。這對拉丁美洲、非洲和部分歐亞地區來說都是希望的信號。

雖然中國一派欣欣向榮的景象，但從全球來看，我們要做的還有很多。安格斯·迪頓在《勝利大逃亡：健康、財富和不平等的起源》一書中提醒我們："雖然世界其他地區的貧困率在下降，但貧困人口絕對數的下降很大程度是因為中國經濟快速增長。所以，至少在過去十年間，除中國外其他地區的貧困人口絕對數是在不斷增加的。"

數十年來，中國一直積極幫助其他國家。1982 年 5 月 6 日，鄧小平在會見利比里亞國家元首塞繆爾·卡尼翁·多伊期間談到："中國對第三世界朋友盡的力量還不多，這是因為中國地方雖大，但很窮，還有許多困難。建國以來，我們做了一些事情，基本上解決了吃飯穿衣問題，糧食達到自給。這是很了不起的事情，舊中國長期沒有解決這個問題……我們現在正在一心一意地搞建設，力爭經濟有較快的發展。到那個時候，我們可以對第三世界的朋友們多盡點力量。"[1]

在十九大報告中，習近平指出："中國共產黨是為中國人民謀幸福的政黨，也是為人類進步事業而奮鬥的政黨。中國共產黨始終把為人類作出新的更大的貢獻作為自己的使命。"這讓人回想起鄧小平在 1982 年對非洲領導人多伊說的那番話。

習近平還指出，中國"積極促進'一帶一路'國際合作，努力實現政策溝通、設施聯通、貿易暢通、資金融通、民心相通，打造國際合作新平台，增添共同發展新動力"。

----

[1] 《鄧小平文選》第 2 卷，人民出版社，1994 年，第 405 頁。

　　鄧小平提出的改革開放側重於中國與世界之間的合作，提高中國內部的現代化水平。而習近平提出的"一帶一路"倡議則開啟了"中國改革開放的2.0時代"，推動中國在全球範圍內的合作。

　　當代中國的最非凡成就之一，就是從思想、經驗和投資的單純接受者轉變成全球安全與發展的貢獻者。"一帶一路"倡議正在影響全球發展。

　　在很短的時間內，北京成功為建立新型國際金融機制積攢力量，以支持21世紀新絲綢之路的發展願景。絲路基金、亞洲基礎設施投資銀行和金磚國家新開發銀行都是年輕、有潛力的機構，能夠將願景變成現實。

　　"一帶一路"倡議的本質是溝通，其內容是開放。它是一個可以把新的想法和現實結合在一起的項目，而不是一個死板的計劃。除了一貫加強海、陸、空的聯繫，以科技發展為支撐的數字新絲綢之路將不斷增強中國與世界之間的聯繫。

　　"一帶一路"倡議的核心特徵是包容。它不是東方牽制西方的計劃，不是發展中國家削弱發達國家實力的機構，更不是對布雷頓森林體系和聯合國機制的挑戰。"一帶一路"的目的只在於加強國際合作，為共同發展與和平貢獻力量。

　　"一帶一路"倡議能帶領世界共同構建"人類命運共同體"，這是習近平對中國傳統價值觀的重新定義，是中國和平復興的具體例證。

　　在十九大報告中，習近平還提到，中國"加大對發展中國家特別是最不發達國家援助力度，促進縮小南北發展差距"。

　　2018年，中國組建中華人民共和國國家國際發展合作署，這本身就是強有力的聲明。隨著自身的成功，中國向較不發達國家伸出了援手。中國國家國際發展合作署的官網上顯示該機構的職能為"擬訂對外援助戰略方針、規劃、政策，統籌協調援外重大問題並提出建議，推進援外方式改革，編制對外援助方案和計劃，確定對外援助項目並監督評估實施情況等"。

中國為毛里塔尼亞、烏干達、利比亞、科摩羅和南蘇丹提供醫療救助；為阿富汗、古巴、伊朗和索馬里提供人道主義援助；支持突尼斯、加納、馬爾代夫和科特迪瓦的教育事業，並和巴基斯坦、尼日利亞、老撾展開科技合作。中國國家國際發展合作署成績斐然。

在此背景下，中國與其他援助方應共同努力，不斷開展經驗交流。對於非洲和其他地區，歐盟和中國多多合作才是明智之舉。

中國對世界所作的另一貢獻則與世界銀行有關。世界銀行與中華人民共和國國務院發展研究中心聯合編著了前文引用的《2030年的中國》研究報告。

中國自1980年起就和世界銀行成為合作夥伴。1944年布雷頓森林會議宣佈，世界銀行的使命是"建立一個沒有貧困的世界"。一開始，中國是國際開發協會的受助者。而27年後，中國變成了捐助者。2010年，中國成為世界銀行第三大股東！

（三）中國面臨的新挑戰：不均衡和不斷增長的期望

歷史沒有終點。消除絕對貧困的問題解決後，中國必然面臨一系列新的挑戰。

如今，中國和西方國家一樣面臨著發展不平衡的問題。2018年，人民日報網絡版發表了一篇發人深省的文章《2017年中國基尼係數超過0.4》。從標題上看，收入不平等已經成為中國脫貧工作面臨的重要問題。

在眾多問題中，收入差距已經導致住房困難。在一些大省和一線城市，外來工因房價太高只能放棄工作機會。如果外來工在資源富足的地區無法永久居住，那麼要將他們提升到中等收入水平將會十分困難。

我們經常提及的城鄉差距和區域發展不平衡是聯繫在一起的。中國經濟發展靠前的較多集中在沿海地區，內陸地區的發展比較參差。中國必須發展經濟，讓沿海的發達經濟向內陸延伸。

西部大開發戰略確實讓沿海之外的地區得到發展（包括6個省、5個自治區和 1 個直轄市）。然而，區域發展不平衡仍是中國的一大問題。京津冀城市群和宏偉的粵港澳大灣區構想都勢必為中國內陸地區發展帶來機會。當然，這些規劃都需要一定時間來實施。

中國面臨的人口挑戰也不可輕視。和許多鄰國一樣，中國的老齡人口規模龐大。這是個問題，持續強勁的經濟增長需要年輕健康的勞動力來維持。

中國要找到促進平衡的辦法，為此有必要進行財政改革，同時也要避免走進經濟學家所說的中等收入陷阱。

中國人民期望提高後帶來了一系列新的更複雜的問題。當最直接的物質需求得到滿足之後，人們就想要提高方方面面的生活質量。生活在北京、上海、廈門、廣州和深圳的高度連接的城市居民，對教育、醫療和空氣質量的要求越來越高。這種從數量到質量的轉變需要小心應對。

在十九大報告中，習近平肯定："必須認識到，我國社會主要矛盾的變化是關係全局的歷史性變化，對黨和國家工作提出了許多新要求。我們要在繼續推動發展的基礎上，著力解決好發展不平衡不充分問題，大力提升發展質量和效益，更好滿足人民在經濟、政治、文化、社會、生態等方面日益增長的需要，更好推動人的全面發展、社會全面進步。"

中國領導人充分認識到"發展不平衡不充分"這一中國轉型新階段的問題。這一認識使得中國能最大限度解決再平衡的問題，促進經濟充分發展。

堅持走漸進式改革、分步驟開放的道路，中國必將戰勝新的挑戰，將世界的繁榮穩定推向新階段。

三、前線之聲：中國脫貧攻堅 [①]

　　朱亞當是我的長期搭檔，我們相識已有 25 年之久，經常一起探討並講述中國故事。幾年前，我們接到邀請，拍一部中國扶貧紀錄片，特別是全面記錄在習近平主席領導下的中國扶貧攻堅壯舉。習近平主席強調，到 2020 年中國將全面建成小康社會，使所有中國人脫離絕對貧困、極端貧困或赤貧，這是中國的＂兩個一百年＂奮鬥目標之一（2021 年適值中國共產黨成立 100 週年）。

　　無論中國國內生產總值和人均國內生產總值達到什麼樣的水平，除非每個公民都真正脫貧，否則中國就不能算是真正實現了這一目標。

　　如今，在西方世界，特別是在美國，人們對中國的各種舉措感到擔憂，並對中國的政策出發點抱有懷疑。我想，只要中國扶貧取得最終成功，這種陳詞濫調自然不攻自破。

　　2020 年初，新冠肺炎疫情來襲，中國正在勵精圖治，努力按照原計劃實現其消除農村貧困和消除區域貧困的目標。當前形勢下，中國還能實現這一目標嗎？

　　新冠肺炎疫情暴發，中國經濟逆風前行，中國的脫貧攻堅目標究竟會面臨多大的挑戰？採取了哪些減貧措施？實施如此大規模的國家項目，其組織結構如何？有什麼制衡手段儘可能減少欺瞞行為（扶貧評估記錄準確），並儘可能減少腐敗（扶貧項目專款專用）？

　　一言以蔽之，中國體制中，是什麼推動了扶貧工作的成功？

　　2019 年 7 月 31 日，我們拍攝的紀錄片《前線之聲：中國脫貧攻堅》在美國公共電視網加州電視台（PBS SoCal）首播。在這部紀錄片中，我

---

① 作者：羅伯特・勞倫斯・庫恩，美國庫恩基金會主席，中國改革友誼獎章獲得者，《前線之聲：中國脫貧攻堅》主持人、撰稿人。

們講述了中國矢志打贏扶貧攻堅戰、到 2020 年消除所有絕對貧困的內幕故事。這是第一部在國外播出的關於中國扶貧工作的深度紀錄片,全面介紹了中國到 2020 年在全國範圍內消除極端貧困的戰略構想及相關努力。

這部紀錄片的主創人員為:監製朱亞當、導演彼得‧蓋澤爾,以及筆者本人。能夠作為影片主持人和撰稿人參與這個項目,筆者深感榮幸。

這部紀錄片由中美攝製團隊聯合製作完成。在合作夥伴的大力支持下,片方國際電影攝製組得以深入探訪中國各地,有機會接觸到中國大規模的扶貧項目。我們見到了正走在脫貧道路上的農民、肩負脫貧重擔的地方幹部,還有專門負責考察脫貧成效的第三方評估人員。

紀錄片的製作花費了兩年時間,在此期間,攝製組走訪了貴州、甘肅、山西、四川、海南和新疆等五省一自治區的貧困家庭,採訪了中央、省、市、縣、鄉各級政府官員,記錄了大量第一手扶貧資料。走訪工作並不容易。攝製組不畏嚴冬酷暑,經常一連幾個星期駐紮在最貧窮的地區。

這部紀錄片通過六個案例,生動而貼切地描繪了中國的扶貧工作。這些案例突出了中國的扶貧戰略以及實施該戰略所需的體制和組織。紀錄片對中國的精準扶貧計劃進行了細緻的記錄,向觀眾講述了實現精準扶貧的五種方法:一是發展產業,在當地創建可持續的小微企業;二是易地扶貧搬遷,遷移貧困地區人口;三是發展教育和培訓;四是對生活在環境較差地區的居民進行生態補償;五是加強社會保障和醫療補貼,向沒有工作能力的人直接發放經濟救助。

紀錄片中的案例取材來自一線的真實故事:一位在偏遠村莊工作的年輕黨支部書記,一名通過教育改變命運的甘肅女孩,一個靠養駱駝脫貧的哈薩克族牧民,從貴州偏遠山村遷出的老人,獨立評價扶貧效果的第三方評估團隊,還有協調扶貧工作、保證扶貧目標實現的地方各級黨委書記。這些故事真實平凡,觸動人心。

在其中一個案例中,鏡頭對準了海南省瓊中黎族苗族自治縣嶺門村年輕的第一書記黃海軍：他對貧困家庭進行精準識別，通過實地走訪了解貧困家庭的情況，並針對每個家庭實施量身定做的救助措施。

片中還記錄了基層扶貧工作人員真實的生活和工作情況，將各級扶貧官員的第一手資料原汁原味地呈現出來。

我曾經自以為是個"中國通"，隨著攝製的深入，才知道自己對中國扶貧的了解不過皮毛而已。在節目製作過程中，我們驚訝地發現，中國為每個貧困戶都完成了建檔立卡工作，並制定了與之相對應的精準脫貧計劃。

在美國人和中國人之間的跨文化合作中，我們對中國非凡脫貧攻堅計劃實際運作方式有了更為深刻的了解。

2020 年是中國計劃在全國範圍內消除極端貧困之年，又恰逢新冠肺炎疫情突然來襲。不難看出，中國政府在脫貧攻堅戰中所表現出的強大動員能力，在"抗疫阻擊戰"中再次展現出來。

監製朱亞當強調："了解中國的扶貧方式可以幫助人們了解中國體制的運作方式。了解了脫貧攻堅，就了解了中國。"

導演彼得·蓋澤爾在這部紀錄片中採用了電影化的手法，以旁觀者的視角冷靜寫實。進行影片剪輯時，他偏重於畫面客觀呈現而非講述。蓋澤爾說："在中國偏遠地區領導一支跨文化團隊，對這一非凡戰略的運作方式有了更為深刻的認識。"故事娓娓道來，自然展開，貧困者坦露心跡。這種發自內心的聲音，使觀眾能夠親身體驗脫貧過程。

儘管世界各地都在與貧困作鬥爭，但沒有什麼能比得上中國大規模、全國性的村莊整體遷移。將貧困的農民從偏遠地區轉移到城市，提供住房和工作，使他們有機會過上更好的生活。

我們在貴州省惠水縣看到，那裏正在進行偏遠山村的整體搬遷工作。村民們從偏遠地區搬到了 70 千米外的新社區。

我們了解到，安置在這裏的村民可以免費獲得住房。一個四口之家擁有 80 平方米的居住空間，人均 20 平方米。所有的基本設施，包括沙發和床等家具、廚具以及電器，也統統由政府買單。

但是，這些文化程度不高、一直跟泥土打交道的人如何適應城鎮生活，找到新的非農業工作呢？我參加了一個烹飪班，結識了一位農民，他正在學習烹飪，計劃將來成為一名廚師。我見到了他一家三代人和他的幾個朋友。幾乎每個人都對新生活充滿嚮往。

當然，並不是每個人都想搬到新社區。我見到了惠水縣斷杉鎮戴井村黨支部書記。書記介紹說，村委會不能強迫人們搬遷，政府政策也不允許這麼做。他的工作是說服剩下的少數村民搬遷。

但是，中國幅員遼闊、官員仕途利益攸關、扶貧資金龐大，造假和貪污難以杜絕。中國絕不會任由偽造數據或挪用資金破壞其減貧目標。

為防止扶貧工作中出現不當行為而設立的一項制度讓我印象特別深刻，即“第三方評估”。其設想是，由來自完全不同地區的團隊擔任第三方評估人員，他們不太可能認識評估對象，因此不會受到個人關係的影響。

他們的任務是評估扶貧工作的成績與不足，以及相關領導幹部的工作表現。

為了不給地方官員鑽空子的機會，評估小組一般會臨時決定他們去哪裏進行檢查，通常是在檢查當天的上午。

國務院扶貧開發領導小組辦公室負責指導第三方獨立檢查，對造假、瞞報的工作人員，依法追責、嚴肅處理，使扶貧成果經得起歷史的考驗和人民的檢驗。政府透明度越高，老百姓對政府的信心就越大。

中國精準扶貧固然取得了歷史性的偉大成功，但無論過去還是現在，都面臨各種挑戰。

有些剛剛脫貧的人，在興奮感消退之後，很可能在 2020 年之後再次返貧。如何預防這種情況？要使中國的減貧工作真正取得成功，就必須具有可持續性。

有些人勉強超過極端貧困線，生活水平遠低於中國城市中等收入群體。只要這種情況存在，就很難實現中國的長遠目標——全面建成小康社會。2020 年絕不是這場扶貧攻堅戰的終點。

想要真正消除一切形式的貧困，實現可持續發展，中國必須始終把扶貧項目當成頭等大事，並堅持不懈，一步步實現最終目標。毋庸置疑，這又是一場"長征"。

那些認識到中國空前扶貧成就的人，還必須認識到這種成就與中國共產黨的領導和強大的、有權威的政府之間的因果關係。儘管每種政治制度各有利弊，但沒有如此強大的政府，中國不可能實現其減貧目標。

中國的宏大扶貧使命，在 40 多年的時間裏幫助 8 億人脫貧，在過去 7 年裏幫助 1 億貧困人口脫貧，這是史詩般的偉大成就。

未來的時代，人們記錄文明史，中國精準扶貧時代無疑會是其中濃墨重彩的一章。

| 第二章 |

中國經濟高速發展和擺脫貧困的成功經驗

一、中國特色社會主義制度的優越性 [①]

"中國奇跡"不僅體現在其經濟快速發展從而帶動全球經濟增長上，也體現在中國社會發展的巨大進步上。

人類發展指數是聯合國開發計劃署根據國民預期壽命、受教育程度和人均國民收入等數據，用以衡量各成員國經濟社會發展水平的指標。在中國共產黨的堅強領導下，中國人民創造了人類歷史上前所未有的發展奇跡：人類發展指數躍升至 0.752。這意味著擁有 14 億人口的中國已成功躋身人類發展水平較高的國家行列。而在 70 年前，僅有 5 億多人口的中國只是一個人類發展水平極低的國家。在未來的 5—7 年，中國人類發展指數將至少達到 0.8，躋身更高水平的國家行列。

1949 年中華人民共和國成立以來，中國堅持以人民為中心，實現了跨越式發展，其為全人類發展作出的貢獻超過了其他國家。中華人民共和國成立前，中國人類發展指數遠低於世界平均水平，國家發展速度也低於世界平均水平。1950 年以來，中國發生了翻天覆地的變化。中國堅持"三步走"戰略，從消除絕對貧困到人民生活達到小康水平，最後基本實

① 作者：胡鞍鋼，清華大學國情研究院院長、清華大學公共管理學院教授。

現現代化。中國人類發展水平從極低水平到高水平的快速發展，折射了其在經濟、醫療和教育三大社會領域發生的歷史性巨變。隨著中國完成從低收入國家向中高收入國家的轉變，中國不再是"東亞病夫"，而是"健康中國"。並且，中國已擺脫了高文盲率的困擾，成為擁有強大人力資源的國家。

中國特色社會主義制度是中國創造發展奇跡的決定性優勢。"中國奇跡"絕非偶然，而是從量變到質變的過程。在此過程中，社會主義制度的優越性發揮了核心作用。堅持以人為本、致力於增進民生福祉等社會主義理念以及全心全意為人民服務的黨的根本宗旨，是中國實現快速發展的主要驅動力。

將中國和印度這兩個同樣充滿活力、具備發展前景、人口眾多的發展中國家的人類發展指數進行比較，中國特色社會主義制度的優越性便充分顯現出來。1950 年中國人類發展指數僅為印度的 87%，而 2017 年中國人類發展指數是印度的 118%。在預期壽命和平均受教育年限這兩項指標上，中國分別領先印度 8 年和 4 年。在醫療和教育領域，中國至少領先印度 30 年。按照目前的發展速度，印度要在 2040 年才能趕上中國目前的人類發展水平。

中國特色社會主義制度為什麼能成為具有競爭力的制度優勢？首先，它能夠在長遠目標下集中力量辦大事，即在惠及全民的大事上，持續投入人力物力財力，尤其對醫療和教育兩大領域的投入具有基本性、長期性、有效性的特點，而醫療和教育的進步也為自身的建設提供了發展紅利。其次，在中國特色社會主義制度的指導下，中國高度重視市場的作用。充分處理好政府宏觀調控與市場之間的關係，使政府與市場形成發展合力。

在取得舉世矚目的經濟發展成就的同時，中國還保持著經濟和社會穩定，並充分調動和發揮人民群眾的積極性、主動性和創造性。在極度貧困、資源匱乏的年代，中國政府不斷激發人民群眾擺脫貧困的內生動力，兜底保障人民群眾的基礎教育和基本醫療。此外，中國的制度優勢可以轉化為政治優勢、科學決策和民主決策優勢。例如，在制定《"健康中國2030"規劃綱要》和《中國教育現代化2035》的過程中，政府在網上廣泛徵求並充分參考人民群眾的意見，這反映了人民群眾在中國民主決策過程中的實質性參與。

　　中國是全球發展的最大貢獻者。工業革命以來，在同等經濟發展規模的大國中，只有中國成功實現了現代化。習近平主席明確表示，中國將一以貫之為世界貢獻中國智慧和中國方案。作為世界第一人口大國（美國和歐洲發達國家的人口合計不到中國的一半），中國發展水平的提高意味著世界上很大一部分人的生活將會得到改善。聯合國開發計劃署在2018年《人類發展報告》中的數據顯示，2017年全球人類發展水平較高的人口總數達23.8億，中國佔比59.2%。如果以現階段的走勢持續發展，到2030年，當中國成功躋身高人類發展水平國家組時，該群體將增加14.5億的人口，總人口數將達到28.9億，佔世界總人口的34.3%。

　　中國的現代化進程是一個堅持以人民為中心的發展過程，充分發揮了社會主義制度的優越性，充分調動了億萬人民群眾的創造偉力。

二、中國減貧成功之道：回顧與反思[①]

（一）簡介

　　1978年，中國開啟了改革開放的歷史征程，從而翻開了歷史新的一頁。40多年來，改革開放政策引領中國從一個封閉、貧窮的小經濟體轉變為中等偏上收入國家，並且，以購買力平價（PPP）計算，中國已成為

---

① 作者：郝福滿、江詩倫。郝福滿，世界銀行駐中國代表處經濟部主任、首席經濟學家，主管世界銀行在中國的經濟分析與政策諮詢工作。江詩倫，倫敦大學亞非學院副研究員。

世界第一大經濟體。中國在減貧方面取得了巨大的成功，累計有 8 億人
脫貧。

　　經濟的快速增長是中國減貧的主要驅動力。1978 年後的 40 年裏，
中國經濟年均增長 9.4%，同期人均收入年均增長 8.4%。經濟快速增長在
減少貧困方面也非常奏效：1981 年至 2012 年間，中國人均國內生產總值
（GDP）每增加一個百分點，貧困人口所佔比例每年下降 0.97 個百分點
（圖 1）[①]。

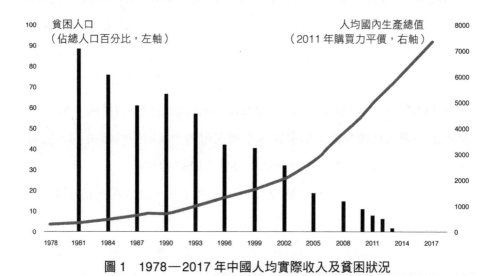

圖 1　1978—2017 年中國人均實際收入及貧困狀況

　　資料來源：基於《國家統計局家庭調查數據》和《世界發展指標》的世界銀行估
計數據。

　　無論採取何種貧困衡量標準，中國的扶貧工作均成效顯著。改革開
放之初，中國窮困人口佔 90% 以上。到 2019 年，幾乎已經消除了極端
貧困。按照目前官方公佈的全國貧困線，即農村地區每年 2300 元人民幣

---

① 按國內生產總值和人均國內生產總值（不變人民幣價格）計算。2020 年 5 月 25 日搜索的
　《世界發展指標》數據。

（2010 年不變價格），農村貧困人口的比例從 1978 年的 97.5％下降到 2017 年的 3.1％，即從 7.704 億人減少到 3050 萬人。國務院總理李克強在 2020 年 5 月向全國人民代表大會所作的政府工作報告中指出，2019 年貧困人口進一步下降到佔總人口的 0.6％。

根據世界銀行每人每日 1.9 美元（2011 年購買力平價或國際可比價格）的國際貧困線標準，從 1981 年到 2015 年，總貧困人口指數從佔總人口的 88％降至 0.7％。也就是說，貧困人口從約 8.75 億下降到 1000 萬。死亡率下降，同時預期壽命增加，這意味著，如今中國出生的兒童比 20 世紀中葉在中國出生的兒童平均壽命長 30 年。

中國的社會進步和經濟發展令世人矚目（表 1）。自 1981 年以來，全球約有 12 億人口脫貧，其中中國脫貧人口佔了約 74％。如果沒有中國的減貧成功，聯合國第一項千年發展目標（即 1990 年至 2015 年間極端貧困人口數減半）的實現將無從談起。

表 1　1981—2015 年部分年份的極端貧困人口數

（單位：百萬人）

國家和地區	1981 年	1990 年	1999 年	2010 年	2015 年
中國	875.3	751.7	503.7	149.6	10
除中國以外的東亞和太平洋地區	237.4	233.1	189.2	69.8	37.1
歐洲和中亞地區	10.4	13.3	36.8	11.7	7.8
拉丁美洲和加勒比地區	50.2	66.4	69.6	36.3	25.3
中東和北非	18.3	14	10.5	6.9	14.1
南亞	515.3	537.1	535	403.6	215.2
撒哈拉以南的非洲	193.7	279.7	378.7	404.9	419.6
全球總人數	1906	1899.2	1728.5	1088.3	736.7
除中國以外的全球總人數	1030.7	1147.5	1224.8	938.7	726.7

資料來源：PovCalNET、《世界發展指標》和作者個人計算數據。

注：按照每人每日 1.9 美元（2011 年購買力平價）這一世界銀行國際貧困線標準衡量的貧困狀況。

中國減貧的成功引發了人們對中國如何實現這一目標的極大興趣。在這裏討論中國減貧的一些關鍵戰略和政策。限於篇幅，無法面面俱到，只能介紹幾個主要的方面。儘管如此，了解中國近幾十年來的一些關鍵政策機制和優先事項，可能會對其他國家制定本國扶貧策略有所啟迪。

（二）推動減貧的增長戰略

很大程度上，中國在減貧方面的成功應該歸功於改革開放帶來的快速、持續經濟增長。這種快速增長始於一個極低的基準線。20 世紀 70 年代末，中國是世界上最貧窮的國家之一。

在某些方面，中國的經濟改革採納了主流經濟學家提出的多種舉措。中國堅持對外開放，逐步放開價格，實行多種所有制，加強產權制度，控制通貨膨脹。（相對）持續的宏觀經濟穩定使高儲蓄轉化為高投資和快速的城市化進程，進而引發了快速的結構轉型和生產率增長。以中國為例，在改革方面，支撐經濟增長的是複雜的試驗性、分散性和漸進性的改革開放進程。這一進程歷盡曲折，應了中國人常說的一句老話："摸著石頭過河。"

中國的改革開放始於農業領域。家庭聯產承包責任制賦予了農戶對土地的經營權，而政府提高了國家收購價格，鼓勵農民種植經濟性農作物。這些因素組合在一起，大大提高了農業生產力和農民收入，在 1979 年後的頭十年中，這些因素在很大程度上推動了減貧。在工業領域，中國的策略並不是將國有企業私有化，而是放開政策，鼓勵國內外民營企業參與競爭，共同發展壯大。到了 20 世紀 90 年代中期，非國有企業已成為經濟、就業和收入增長的主要驅動力。

1980 年，中國開始在沿海設立經濟特區，拉開了對外開放的序幕。這些經濟特區成為改革開放的 "窗口" 和 "試驗田"。外商投資是中國進口技術和專業知識的一種渠道，並日益與全球市場緊密聯繫在一起。2001 年，中國加入世界貿易組織（WTO），成為全球供應鏈的首選基地，外商直接投資和對外貿易激增。21 世紀初，改革深入到社會各領域，不斷提高公民的教育、醫療保健和社會福利待遇。

同時，自 1993 年《中共中央關於建立社會主義市場經濟體制若干問題的決定》以來，隨著市場經濟改革的全面推進，中國利用 21 世紀初的 10 年時間，採取各種措施，包括加大對高等教育和科學技術的投入，為不同的增長模式打下了堅實基礎。政府的觀點是，國家需要發揮主導作用，即市場在資源配置中的決定性作用。

人口紅利進一步推動了人均收入增長。20 世紀 70 年代初，尤其是 20 世紀 80 年代以來，人口增長率迅速下降，部分原因是中國的計劃生育政策。但在之前，中國的人口增長非常迅速。這帶來了很高的人口紅利，這段時期，勞動年齡人口佔總人口比重加大。在中國，這種情況從 20 世紀 70 年代開始，一直持續了大約 40 年。在人口紅利期間，中國政策方向非常明確，極為重視吸引勞動密集型外商投資。這促進了對外貿易，同時採用了有針對性的激勵措施，包括國內移民，使國民和國家受益於勞動力激增。

經濟改革和人口增長放緩是中國大幅減貧的根本原因，但這遠不是全部原因。下面將闡述中國減貧途徑的其他一些特徵。

（三）中國的減貧戰略方針

1. 制度與激勵措施

改革開放以來，扶貧工作得到了各級政府的政治支持。最初的體制改革刺激了經濟增長。隨後，1986 年成立了一個專門的機構推動扶貧工作的進展，它便是國務院扶貧開發領導小組。同時，在各級政府內部，直至縣級，均建立了扶貧開發領導小組辦公室，即貧困地區開發辦公室。

國務院扶貧開發領導小組監督貧困政策的制定，包括國家貧困線的界定和項目設計；貧困地區開發辦公室監督地方一級的減貧項目落實情況。兩者均得到了高層支持和資金扶持。減貧項目的主要目標是使人們獲得可持續性生計，通過發展減貧，其中許多項目都向農村地區傾斜。鄧小平認為：「中國社會是不是安定，中國經濟能不能發展，首先要看農村能不能發展，農民生活是不是好起來。」[①] 這種政策傾斜和相關的項目落實，在很大程度上是由中國的扶貧機構推動的。這也使中國避免再次遭遇饑荒——由於大多數貧困人口來自農村，因此，農業生產力始終是重中之重。

　　中國減貧途徑的另一個重要特徵是激勵政府官員。官員的晉升前景取決於其所在地區的經濟成就，特別是在經濟增長、就業、外商投資和人口控制方面實現特定目標。財政體制還將收入增長份額留給創收政府，由此激勵增長。政府的官方激勵措施與對投資者的激勵措施大體一致，而政府各部門的扶貧機構則負責促進並確保一定程度的再分配。這套制度和激勵措施並非一帆風順，過度的增長動力和腐敗一直是中央政府關注的問題，儘管如此，它們仍然在推動 2020 年取得既定減貧目標。

　　2. 戰略上的差異化和包容性的增長

　　無論是時間上還是地域上，中國的減貧工作都並不是整齊劃一的。20世紀 80 年代的減貧速度最快，並且隨著貧困人口減少和經濟增長變緩，減貧速度隨之放緩。從地理上看，中國沿海地區的極端貧困人口迅速減少，而偏遠的西南和西部地區的極端貧困人口減少則要緩慢得多。根據《中國農村貧困監測報告》，到 2016 年，浙江、江蘇等沿海相對富裕省份的貧困率接近零，而甘肅、新疆等內陸偏遠地區的貧困率超過 12.5%。

　　可以從鄧小平 1986 年作出的一項政治決策中認識到中國減貧的地區發展差異現象：「我們的政策是讓一部分人、一部分地區先富起來，以帶動和幫助落後的地區，先進地區幫助落後地區是一個義務。」[②] 因此，出台沿海發展戰略後，首先開放了沿海地區，並將投資和激勵措施重點放在這些地區。目的是將中國有限的資源集中在可能帶來最快經濟增長的地區。

---

① 《鄧小平文選》第 3 卷，人民出版社，1993 年，第 77—78 頁。

② 此為 1986 年 3 月 28 日鄧小平會見新西蘭總理朗依時說的話。

直到 21 世紀初實施西部大開發戰略以來，中國的經濟政策才逐步向西部省份傾斜。

農業改革的初步成果逐漸落實之後，最貧窮人口的收入固然實現了大幅增長，但其從中國的經濟增長中獲得的收益卻低於平均水平。沿海發展戰略和權力下放的改革戰略使這種情況更為凸顯，與計劃經濟時代相比，市場放開後地方之間的貧富差異越拉越大。因此，收入不均衡迅速加劇，特別是在沿海和內陸省份之間以及城鄉之間。在最近的 20 年中，貧困人口的人均收入增長率高於平均水平，收入不均衡狀況有所緩解。

3. 逐步明確和有針對性的減貧議程

改革開放之初，僅僅依賴經濟增長，特別是在農村地區，就取得了顯著的扶貧成效。隨後，中國貧困人口日益邊緣化，例如，在偏遠地區人口、殘疾人或老年人等。中國的減貧議程和政策反映了這一轉變。因此，在 20 世紀八九十年代，經濟增長是扶貧議程中更為明確的要素。這些經濟成果中，有一部分用於反哺較貧困地區的衛生、教育和扶貧議程。

中國制定了一項直接、更有針對性的減貧議程。總而言之，這是一個由經濟增長推動的國家級項目，層層落實到省、縣、村，又落實到戶。其中，隨著經濟增長和收入增加，醫療保健和教育服務的質量和公平性逐步提高。早期經濟改革的一個弊端是財政資源的急劇、不均衡下降，導致教育和衛生等政府服務的不均衡。現在，針對這種不均衡現象出台了各種措施，包括重新分配財政資源、鼓勵優秀教師到最貧困地區工作，以及藉助教育配對，使教育資源豐富的地區和學校對較貧困的地區和學校提供教育幫扶。這反映出中國改革開放早期決策有意識地使一部分人和地區先富起來，最後通過"傳幫帶"不斷融合，實現共同富裕。

中國推行扶貧到村到戶方略，稱為"精準扶貧"。想要真正實現精準扶貧，就必須了解貧困戶和貧困戶家庭成員信息。2014 年前後，扶貧官員進行了一項大規模調查，針對最貧困人口創建了一個大型數據庫，最初的貧困人口數據約為 7000 萬人。隨著中國扶貧工作進入啃硬骨頭、攻堅拔寨的衝刺期，該數據庫將不斷更新，為旨在確保最後一批貧困人口順利脫貧的基層官員和政策提供相關信息。

在這一進程中，中國動員了相關政府官員，將扶貧工作成效納入其政績指標。此外，大量公司、銀行、非政府組織和慈善團體群策群力，為減貧事業添磚加瓦，作出一份貢獻。這種 "舉國之力" 的做法是中國獨有的。

中國已逐步並專門利用技術為最貧窮的人口提供幫扶。中國電子商務蓬勃發展，已成為貧困和偏遠社區銷售商品和低價購買商品的工具。通過建設互聯網訪問基礎設施，增強社區將產品推向市場的能力，政府在不斷推動這方面的工作。大型電子商務公司同樣熱衷於扶持農村電子商務。人們還利用互聯網和移動技術，使貧困人口能夠享受更多的金融服務、醫療諮詢和服務，以及接受教育的機會。

4. 國際發展夥伴關係

儘管中國在扶貧方面的成功是民族自豪感的源泉，但這種成功實際上也部分依賴於國際夥伴關係。首先，外國投資者是中國經濟增長的基礎。中國改革開放初期的多位領導人以及許多傑出的企業家和科學家曾在海外學府深造。此外，多邊和雙邊的國際發展機構與中國建立了持續的夥伴關係，支持扶貧工作。

1980 年，鄧小平與時任世界銀行行長麥克納馬拉會晤時為建立這種夥伴關係定下了基調。鄧小平說："中國下定決心要實現現代化和發展經濟。有了世界銀行的幫助，中國能夠更快更有效地實現這個目標。沒有世界銀行的幫助，中國也能做到，但可能要慢一點。"[1] 為了建立這種夥伴關係，世界銀行提供了直接和間接的扶貧援助。特別為農業、運輸、能

---

[1] 林重庚：《五十位經濟學家回顧中國改革開放三十年》前言，2008 年。應當指出的是，麥克納馬拉在與林重庚的對話中提及了這番言論，但並未列入當時鄧小平與麥克納馬拉的會議正式記錄。

源、城市化、衛生、教育、社保以及扶貧等部門的改革提供了建議和財政資源。中國強調建設自身的改革能力，這意味著中國政府將可以從國際上獲得的經驗在國內進行推廣，並推出最符合中國國情的具有中國特色的改革。

（四）展望

2020 年初暴發的新冠肺炎疫情無疑加大了 2020 年減貧工作的難度，但中國政府仍然不畏艱難，正在努力實現這一目標。中國 2020 年又拿出 1% 的國內生產總值安排扶貧資金，確保達成減貧目標。無論如何，中國的減貧挑戰絕不可能止步於此。首先，隨著經濟的日益繁榮，中國對貧困的定義可能會發生變化。大多數高收入國家的貧困線大大高於中國目前的國家貧困線。其次，新的挑戰正在出現，特別是中國人口的迅速老齡化，這將減緩經濟增長速度。而且，中國有數億老人養老金不足，國家必須提供支持。最後，儘管中國的扶貧工作主要依賴經濟增長和發展，但社會福利補助和定向扶持將是未來扶貧工作的支柱。成功建立和完善政府組織、項目和信息系統，對於中國不斷達成減貧目標至關重要。

三、中國精準扶貧 —— 成果豐碩、意義深遠 [①]

2020 年是中國決勝脫貧攻堅和全面建成小康社會的收官之年，中國即將在中華民族幾千年發展史上首次整體消除農村絕對貧困現象。中國共產黨的十八大以來，以習近平同志為核心的黨中央把脫貧攻堅擺到治國理政的突出位置，實施精準扶貧精準脫貧方略，創造了中國減貧史上的最好成績。精準扶貧成為推動全球減貧進程的重要經驗，為實現聯合國《2030 年可持續發展議程》目標貢獻了中國智慧和中國方案。

---

① 作者：劉俊文，中國國際扶貧中心主任。

整體上消除絕對貧困目標即將完成。根據中國現行扶貧標準，中國農村貧困人口從 2012 年的 9899 萬人減至 2019 年的 551 萬人，年均減貧 1000 萬人以上，農村貧困發生率由 10.2% 降至 0.6%。按照世界銀行每人每天 1.9 美元的國際貧困線標準，中國貧困發生率從 1981 年末的 88.3% 下降到 2016 年的 0.5%，累計下降 87.8 個百分點。這意味著中國基本消除了整體絕對貧困。

貧困地區基礎設施大幅改善。十八大以來，國家持續加大對水、電、路、網等基礎設施投資力度。截至 2019 年底，貧困地區已基本解決通電和飲水安全問題；所在自然村通電話、通有線電視信號和通寬帶的農戶比重分別達到 100%、99.1% 和 97.3%；所在自然村進村主幹道路硬化的農戶比重為 99.5%；所在自然村能便利乘坐公共汽車的農戶比重為 76.5%；86.4% 的農戶所在自然村能集中處理垃圾。貧困地區生活環境和發展條件得到大幅改善。

公共服務和社會保障水平不斷提高。貧困地區基本公共服務體系日益健全，社會保障水平穩步提升。截至 2019 年 3 月，全國 92.7% 的縣實現義務教育均衡發展，更多的農村孩子享受到更好更公平的教育。醫療服務體系不斷完善，文化設施建設持續推進。2018 年，有文化活動室的行政村比重為 90.7%，比 2012 年提高 16.2 個百分點，群眾文化生活日益豐富。

選擇適應國情的扶貧路徑，做好頂層設計。20 世紀 80 年代以來，中國區域性貧困人口大規模減少，但減貧的邊際效果不斷下降，貧困人口更加分散，貧困問題特殊性更加突出，原有扶貧路徑難以適應新的減貧要求。2013 年，習近平主席適時提出 “精準扶貧”，核心是從實際出發，找準扶貧對象，摸清致貧原因，因地制宜、分類施策，開展針對性幫扶，解決 “扶持誰、誰來扶、怎麼扶、如何退” 四個核心問題，提出扶持對象精準、項目安排精準、資金使用精準、措施到戶精準、因村派人精準、脫貧成效精準 “六個精準” 要求，實現了精準要求和扶貧脫貧的有機統一。

　　精準識別貧困對象，解決"扶持誰"的問題。2014 年 5 月，國家對貧困戶和貧困村建檔立卡工作出台專門文件，為貧困精準識別提供制度保障。2014 年，全國組織 80 萬人深入農村開展貧困識別和建檔立卡工作，共識別 12.8 萬個貧困村 8962 萬貧困人口，構建起全國統一的信息系統和大數據管理平台。為及時反映貧困最新特點，實行動態調整管理機制，2015 年至 2016 年，全國動員近 200 萬人開展建檔立卡"回頭看"，運用大數據比對等方法進一步精準識別貧困對象，剔除識別不準人口，補錄符合標準人口。2017 年至 2019 年，實施動態管理，增加脫貧措施和返貧情況等內容，扶貧信息進一步及時準確規範。建檔立卡有效解決了"扶持誰"的問題，為實施精準扶貧精準脫貧政策措施和考核評估等工作打下堅實基礎。

　　建立扶貧責任體系，解決"誰來扶"的問題。堅持"中央統籌、省負總責、市縣抓落實"的管理體制，形成省、市、縣、鄉、村五級書記抓扶貧工作格局。建立起幹部駐村幫扶制度，從全國縣級以上機關、國有企事業單位累計選派 300 多萬名幹部駐村幫扶，解決扶貧"最後一公里"難題。形成專項扶貧、行業扶貧、社會扶貧等多方力量、多種舉措有機結合的大扶貧格局，東西扶貧協作不斷深化，東部 267 個經濟較強縣（市、區）結對幫扶西部 406 個貧困縣，中央層面共有 320 個單位定點幫扶 592 個貧困縣。同時，組織引導民營企業"萬企幫萬村"精準扶貧行動等。

　　推進實施扶貧工程，解決"怎麼扶"的問題。建立需求導向的扶貧行動機制，通過深入分析致貧原因，逐村逐戶制定幫扶計劃和專項扶貧措施，與精準識別結果和貧困人口發展需求相對接。通過發展生產脫貧、易地搬遷脫貧、生態補償脫貧、發展教育脫貧、社會保障兜底等"五個一批"工程，實施健康、教育、金融、交通等十大扶貧行動，開展職業教育、小額信貸、企業幫扶等十項扶貧工程，形成了大量有效的扶貧模式。引導和支持有勞動能力的貧困人口依靠勤勞雙手創造美好生活，激勵貧困人口立志強智阻斷代際傳遞，織牢社會保障網確保應扶盡扶、應保盡保。

嚴格脫貧考核評估，解決"如何退"的問題。圍繞脫貧人口"不愁吃、不愁穿，義務教育、基本醫療、住房安全有保障"的標準，開展嚴格的考核評估。考核結果作為省級黨委、政府主要負責人和領導班子綜合考核評價的重要依據。對扶貧不力的幹部進行嚴肅問責。

中國在減貧方面所取得的巨大成就不僅對中國本身意義重大，對國際減貧事業也產生了深遠影響，有力推動了全球減貧進程。中國是首個實現聯合國千年發展目標的發展中國家，對全球減貧貢獻率高達 70% 以上。2020 年全面脫貧目標完成後，中國將提前 10 年實現聯合國《2030 年可持續發展議程》的減貧目標，直接推動世界減貧進程，並帶動周邊地區快速減貧。東亞和太平洋地區貧困人口佔全球的比重由 1981 年的 59%（11 億貧困人口）下降到 2013 年的 9%，減少 10.4 億貧困人口，中國的貢獻率為 82%。東亞和太平洋地區成為減貧速度最快的區域。

為世界減貧提供了中國經驗。中國以政府為主導，有計劃有組織地扶貧開發，特別是十八大以來實施的精準扶貧精準脫貧方略，為全球減貧提供了有效的中國智慧與中國方案。聯合國秘書長安東尼奧·古特雷斯致"2017 減貧與發展高層論壇"的賀信中稱："精準減貧方略是幫助最貧困人口、實現《2030 年可持續發展議程》宏偉目標的唯一途徑。中國已實現數億人脫貧，中國的經驗可以為其他發展中國家提供有益借鑒。"

增強了國際社會減貧的信心。當前，全球仍然有 7.66 億貧困人口，84% 分佈在撒哈拉以南非洲和南亞，貧困程度深、減貧難度大。中國精準扶貧實踐的成功不僅印證了扶貧道路和方略的正確性和有效性，也通過經得起歷史檢驗的減貧成就和模式，為世界各國更有效地進行貧困治理提供了中國方案，讓許多深陷貧困的發展中國家看到了希望，進一步堅定了戰勝貧困的信心。

力所能及開展對外減貧合作。中國在與貧困的鬥爭中不斷發展，始終擔當履行大國責任，力所能及地向其他發展中國家提供不附加任何政治條件的援助，支持和幫助廣大發展中國家特別是最不發達國家消除貧困。中國將與國際社會加強合作，共同落實《2030年可持續發展議程》，努力實現合作共贏。

四、人口紅利和改革發展塑造出理想的模式 [①]

在20世紀，隨著世界各個國家採用各自特有的方式實現繁榮、經濟增長和現代化，可持續增長越來越多地被放在"發展"與"公平"兩大全球框架下進行討論。在二戰後的全球建設中，工業革命或科學突破導致欠發達社會的收入增長受到限制。隨著越來越多國家獲得獨立並開展國家建設，增加收入變得越發艱巨。

全球增長指數和發展衡量標準因地域和人口而異，發達國家、發展中國家、低收入國家的發展任務和發展策略各不相同，所以這些國家的經濟發展週期並不一致。儘管各國經濟增長模式千差萬別，其核心問題都是一樣的，那就是如何減少貧困。聯合國開發計劃署發佈的2019年度《全球多維貧困指數》報告顯示，在101個國家和地區中，有13億人（佔23.1％）處於"多維貧困狀態"。貧窮成了一種生存狀態，代表著生活困頓、心態脆弱和能力有限。貧窮不僅意味著經濟收入低下，往往還會引發教育、健康、收入差距等一系列連鎖反應。

中國的經濟轉型算得上是20世紀最偉大的成就之一。中國通過轉變經濟政策，成功提升了人民生活水平。與21世紀其他重大框架體系事件和現象相比，中國的成功是歷史性的。中國經濟發展面臨的挑戰與發達經濟體大相徑庭。中國通過改革與現代化建設，積累了大量革命性經驗，為

---

① 作者：阿拉文・耶勒里，北京大學滙豐商學院高級研究員。

其他發展中國家樹立了榜樣。

　　有各種形容詞來詮釋中國經濟崛起，通過這些描述可以從各個方面了解中國的巨大轉變。西方國家、亞洲其他鄰國以及遙遠的非洲和拉丁美洲國家都見證了中國的崛起，並將其視為奇跡，許多國家將其奉為經濟發展的典範。中國在實現重大轉型的同時也向世界分享了它的發展成果，帶動了一些亞洲國家的發展。亞洲國家是中國崛起過程中的最大受益者，以至於 21 世紀也被稱為 "亞洲世紀"（或亞洲全球化）。在改革過程中，市場成為塑造現代中國的主要力量和行為主體，中國人的創業精神也對國家崛起發揮了重要作用。省政府、機構和人民群眾所扮演的角色決定了各級機關和受惠於改革的微觀經濟實體的形態和規模。所有這些變量共同作用，實現了史無前例的經濟高速增長。中國通過保持意識形態與政府治理之間的平衡，使改革產生了前所未有的回報。值得深入研究的是，這些改革的核心領域是什麼。

　　除了快速增長的指標外，中國在可衡量的扶貧脫貧方式方面也名列前茅。為什麼說可衡量呢？這就是中國獨一無二之處。一方面，中國調動了近乎所有的經濟力量驅動全球增長；另一方面，它大幅降低了全球貧困率的中位數。

　　20 世紀初，中國的貧困率急劇飆升。戰爭頻繁，加之各種內亂，中國進入了歷史上最艱難、最糟糕的時期。兵連禍結，封建王朝土崩瓦解，民生凋敝，貧困加劇，整個國家和社會都陷入了困厄苦難的泥潭。20 世紀上半葉，社會不平等現象加劇，失業率和貧困率上升，出現了各種意識形態矛盾和抗爭運動。

　　中華人民共和國成立後，貧窮仍然是困擾中國共產黨的關鍵問題之一。中國共產黨結束了舊中國四分五裂的混亂局面，上台執政，收拾殘局。西方列強的剝削以及戰爭和軍事衝突造成的破壞，與中國政府和人民面臨的社會危機交織在一起。

20 世紀中葉，中華人民共和國成立時，中國人口高達 5.4 億，是 1500 年（明弘治十三年）人口的 3 倍。對於新政府來說，在有限的資源下集中精力減貧脫貧是一項幾乎不可能完成的任務。本已十分緊張的資源必須滿足人口急劇增長的需要。

因此，在中國進入經濟改革實驗的探索性時期，消除貧困實乃當務之急。扶貧一直是中國政府的首要任務之一，也是國家堅持以人為本、深化改革的基石。中國政府很早就意識到公共健康缺乏保障是貧困現象普遍的原因之一。

衛生狀況現實嚴峻，領導層逐步轉變觀念，制定國家衛生政策作為立國方針大計。如果說扶貧是長遠目標之一，那麼，公共衛生就是增強經濟結構改良的重要手段。

在任何經濟體系中，人口都是一個重要槓桿，而中國是 20 世紀繼承了過去人口紅利的經濟體之一。如果說中國的人口數量帶來了巨大的人口紅利，那麼完善國內公共衛生體系無疑等於創造了 "增加值"。中國在減貧方面的成功也加強了它應對其他挑戰的能力，改變了中國城鄉發展的軌跡。在過去的 70 年間，中國著力提高公共衛生水平，使其成為經濟增長和國力增強的 "引擎"。

中國為世界減貧事業作出了傑出貢獻。數字不會說謊，顯示了中國數十年來在扶貧脫貧方面的決心。

自從經濟開放和放寬對生產和資本積累的其他管控以來，扶貧工作一直穩步進展，值得注意的是，中國扶貧項目是全球減貧工作的重頭戲。例如，從 1981 年到 1990 年，中國使 1.52 億人脫貧，而在同一時期，全球減貧人數僅為 3100 萬人。

20 世紀 90 年代，這一數字不斷攀升，達到 2.37 億人。這些數字反映了中國扶貧模式的成功。從 1999 年到 2010 年，中國的扶貧工作使 2.89 億人脫貧摘帽，佔世界減貧總人數的 54.9%。

從 1990 年到 2010 年，中國脫貧人口達到 5.26 億人，約佔全世界的75.7%。中國在扶貧脫貧方面的成功與聯合國千年發展目標提出的計劃相吻合，其中包括自 2000 年聯合國千年首腦會議以來的八項發展目標。

截至 2017 年底，中國貧困人口減少到 3046 萬人，貧困率下降至3.1%。中國正在積極推進落實《2030 年可持續發展議程》，實現該議程是中國改革里程碑之一，也帶來了更全面的社會效益。

迄今為止，中國對全球減貧的貢獻率超過 70%，成為世界上減貧人口最多的國家。中國在全球減貧方面起到了“火車頭”的作用。按照世界銀行每人每日 1.9 美元的國際貧困線標準，從 1981 年到 2013 年，中國使 8.5 億人擺脫了極端貧困。據世界銀行統計，中國極端貧困人口比例從1981 年末的 88.3% 下降至 2013 年末的 1.85%。

中國曾經是世界上最貧窮的國家之一，但照此速度進展，中國必將徹底消除絕對貧困、全面建成小康社會，千百年來困擾中華民族的絕對貧困問題即將畫上歷史性句號。中國減貧成果與近 70 年來的一系列改革密不可分。根據聯合國的一份報告，全球減貧事業成就的 76% 左右來自中國。中國不僅自身積極發展扶貧項目，還幫助其他發展中國家和新興經濟體開展減貧工作，分享成功經驗。中國國際扶貧中心為來自亞洲、非洲與大洋洲發展中國家的官員舉辦講習班和培訓班，使這些國外官員深入了解中國扶貧成就，並借鑒中國經驗。

縱觀歷史，中國在經歷了 20 世紀的一系列社會和政治巨變後，一躍成為世界第二大經濟體，想來真是難以置信，堪稱一場夢幻之旅。而中國在減貧方面的巨大變革和所取得的實實在在的成就更是令人矚目、令人驚歎。中國的成功並非來源於任何書本或現成理論，而是國家不斷調整政策、反覆摸索嘗試的結果。這些政策和實踐反映了中國政府堅持以人為本、造福社會的決心，是中國共產黨與中國特色社會主義先進性的具體體現。

五、決心和奉獻是中國扶貧工作的關鍵因素 [1]

如果有人在 20 世紀 50 年代初或 60 年代初陷入沉睡，2020 年才醒過來，肯定會對世界的劇變大感震驚。在這個人眼裏，想必憑空多出了無數世界奇跡，而中國無疑就是奇跡之一。

與其他國家一樣，中國歷經了多次戰爭浩劫。但是，與其他國家不同，中國實現了"大飛躍"。數十年來，中國人民披荊斬棘、嘔心瀝血、篤定前行。經歷這次飛躍後，中國從一個積貧積弱的國家一躍成為世界第二經濟體和有影響力的踐行者，國際地位大大提升。

在 1949 年中華人民共和國成立之前，中國是全球經濟最不發達的國家之一。與所有不發達國家一樣，中國面臨種種問題：人均預期壽命、嬰兒死亡率、文盲率、收入差距、城鄉差距、區域差距、性別差距、工農業差距等。封建制度結束後，中國隨即進入新的社會制度，沒有任何可供借鑒的經驗。繈褓中的新中國，百廢待興。人民教育程度較低，疆域遼闊，充斥著各種社會矛盾。

中華人民共和國宣告成立後，中國進入了新的發展時期。第一代領導人毛澤東提出"共同富裕"這一概念，同樣具有重大歷史意義。共同富裕思想是在對國情進行深入調查的基礎上，通過計劃經濟體制、農業合作和工業現代化等途徑，積極探索脫貧致富之路。

毛澤東認識到，要實現國家繁榮昌盛，除了脫貧別無選擇。因此，他把脫貧致富視為國家大業。與此同時，毛澤東認為，這是新中國社會建設的先決條件。因此，他明確了幾個前提和主要方面：其一，堅持社會主義，作為脫貧的保障；其二，把"共同富裕"作為脫貧的目標；其三，解

---

[1] 作者：伊凡娜·拉德傑維克，塞爾維亞貝爾格萊德國際政治經濟研究所"一帶一路"地區研究中心主任。

放和發展生產力。

　　實踐經驗印證了他的思想。在隨後的幾年乃至幾十年中，事實證明，藉助意識形態和政治方法發展經濟、動員最廣泛的社會力量參與脫貧致富，極為重要。此外，毛澤東堅持"實現所有農民群眾共同富裕"的目標。達到這一目標的唯一途徑是"逐步實現國家的社會主義工業化，並逐步實現國家對農業、手工業和資本主義工商業的社會主義改造⋯⋯使農民群眾共同富裕起來"。同時，解放和發展社會生產力是解決社會基本矛盾的根本措施，也是推動社會進步的根本動力。

　　對於薄弱的經濟發展基礎，這些觀點非常合理。新中國成立時，有40％—50％的人口處於赤貧狀態。脫貧被認為是鞏固和發展社會主義制度的前提。為此，政府建立了計劃經濟體制，實施了土地改革，著重發展工業化，改善了教育和醫療，保障了城市的充分就業，提供了大力推動國民經濟增長和改善人民生活條件的社會福利和社會救助制度。

　　數據顯示，在連續實施 5 個 "五年計劃" 期間，從 1952 年到 1978 年，國民經濟年均增長率達到 7.3％，而工業總產值年均增長率為 11.4％。從前，中國沒有能力建造汽車、飛機或拖拉機，而後來情況發生了變化，中國工業突飛猛進，擴展到了 500 多個工業門類。考慮到當時中國在經濟上被西方封鎖，其資金、人才、資源和經驗匱乏，這一成就尤為偉大。

　　雖然取得了明顯的進展，但仍有許多工作要做，主要是需要政策向扶貧工作側重，這對中國政府來說是沉重的負擔。誠然，政府大力維護城鄉發展之間的平衡，但改變赤貧的面貌需要採取更為複雜的措施，需要貧困人口自立自強。此外，農村地區的要求更高，自然條件嚴峻，自然災害頻發，疫病也時有發生。因此，儘管眾志成城、熱情高漲，但技術和生產力水平低下、貧窮因素複雜和經濟扶持不足，這些因素削弱了貧困人口提升自我發展能力的前景。要突破瓶頸，必須尋找新的解決方案。

　　毫無疑問，中國發展的最初階段始於新中國的成立，之後又進入了一個新階段，即 1978 年開始的改革開放階段。

　　1978 年 12 月，中共十一屆三中全會在北京召開。這是中國近代發展的歷史性轉折點，也開啟了脫貧致富的新時代。

　　在這一階段，衡量中國改革成功與否的標準從國家的政治意識形態轉變為務實的立場。換句話說，在堅持共同富裕的前提下，中國共產黨認識到了中國獨特的政治和體制優勢，並不斷擴大和創新扶貧措施。這一次的措施不僅在農村嚴格推行，並在全國推廣。這個設想的目的不僅是為了推動貧困地區的經濟和社會發展，更是為了進一步推動整個國家的經濟和社會發展。

　　當時的中國領導人鄧小平是一位審慎且高瞻遠矚的務實型領袖，他提出了著名的黑貓白貓論："不管黑貓白貓，捉到老鼠就是好貓。" 提出這種觀點作為經濟發展思想，需要巨大的魄力和勇氣。鄧小平主張，在經濟領域，政府應該鼓勵地方、企業、工人和農民通過辛勤勞動獲得更多的收入，過上更好的生活。他的設想是，要讓一部分人先富起來，樹立典型和榜樣，充分發揮模範帶頭作用，帶領周圍的人共同致富，其他地方的人就會紛紛向他們取經學習。鄧小平認為，這種途徑可推動整個國民經濟的持續發展。鄧小平指出："社會主義的本質，是解放生產力，發展生產力，消滅剝削，消除兩極分化，最終達到共同富裕。"[①]

　　1983 年，中共中央發表了《當前農村經濟政策的若干問題》，指出了十一屆三中全會的重要意義，中國農村由此發生了眾多變化。影響最深遠的是引入了農業生產責任制和家庭聯產承包責任制。地方政府因地制宜推行制度變革，實行以家庭承包經營以及農村集體經濟統分結合的雙層經營體制。這一制度極大地調動了廣大農民的積極性，解決了億萬貧困人口的

---

① 《鄧小平文選》第 3 卷，人民出版社，1993 年，第 373 頁。

溫飽問題。

　　落後的農村地區，尤其是中西部廣大農村地區，得到了國家扶貧攻堅計劃的重點扶持。1982 年啟動的 "三西" 農業建設專項，就是有計劃、有組織、大規模扶貧開發的鮮明例子。這一舉措從根本上解決了甘肅河西、定西和寧夏西海固地區的貧困問題。

　　1986 年，中國政府開始實施有計劃、有組織、大規模的農村扶貧攻堅，制定了以發展為導向的政策。一方面，政府將重點轉向改善貧困地區的生產生活基礎設施以及增強地區整體經濟社會發展能力。另一方面，政府大力改善貧困人口的健康並提高其文化素質，改變了以往的扶貧方式。政府還設立了專門機構，以確定貧困標準和重點扶持領域，劃撥專項資金，並制定專項配套政策。這些措施取得了立竿見影的成果。從 1986 年到 1993 年，貧困縣農民人均純收入從 206 元增加到 483.7 元。農村貧困人口由 1.25 億人減少到 8000 萬人，年均減少 640 萬人。換句話說，貧困農民的比例從 14.8％下降到 8.7％。

　　儘管成果顯著，但扶貧攻堅計劃依然任重道遠。為此，1994 年，中共中央、國務院頒佈了《國家八七扶貧攻堅計劃（1994—2000 年）》，不斷深入推進扶貧和發展。在這一時期，以江澤民同志為核心的黨中央將扶貧開發納入國家發展戰略，深入解決扶貧標準、扶貧內容和扶貧對象等具體問題，進一步完善了扶貧的思想內容和工作體系。當時的首要任務是解決剩餘貧困人口的溫飽問題，鞏固扶貧成果，從溫飽型向小康型轉變，全面推進貧困地區經濟社會發展。

　　實施這項 "七年計劃" 後，到 2000 年，貧困人口減少到 3000 萬人，而農村地區的貧困人口比例從 30.7％下降到 3％左右；國家重點扶貧縣貧困人口從 1994 年的 5858 萬人減少到 1710 萬人。

　　到 2000 年底，貧困地區通電、通路、通郵和通電話的行政村分別達到 95.5％、89％、69％和 67.7％。貧困縣的經濟社會發展速度也大大加快。1994 年至 2000 年間，國家重點扶持縣的農業產值增長了 54%，年均增長率為 7.5%；工業產值增長了 99.3%，年均增長率為 12.2%。人均純收入從 648 元增加到 1337 元，年均增長率為 12.8%。

此後，以胡錦濤同志為總書記的黨中央對扶貧開發提出了更高的要求，把扶貧開發的重要性和目標置於更深更廣的範疇內考量。胡錦濤強調，扶貧開發是"以人為本"思想的重要體現，是科學發展觀的根本要求。胡錦濤指出，必須"從人民群眾的根本利益出發謀發展、促發展，不斷滿足人民群眾日益增長的物質文化需要，切實保障人民群眾的經濟、政治和文化權益，讓發展的成果惠及全體人民"①。

在西部大開發的戰略背景下，各地政府進一步協調城鄉經濟發展。政府貫徹工業反哺農業、城市反哺農村的戰略措施，全面推進農村經濟社會發展，惠及農村地區的大多數貧困人口。2006 年 1 月 1 日起廢止《中華人民共和國農業稅條例》，取消了各種農民賦稅。隨後，政府出台了多項補貼措施，其中包括種子補貼、農機設備補貼、物資補貼等。與此同時，政府還出台了農業免稅試點項目、農村義務教育等其他優惠政策。除了這些政策和措施外，中央政府還逐步建立健全農村社會保障體系，推進農村飲用水、電力、道路和沼氣等基礎設施的建設。中央政府還在"三農"以及扶貧開發等方面加大了財政撥款力度。從 2003 年到 2010 年，相關中央財政支出從 2144.2 億元增加到 8579.7 億元，年均增長 21.9%。

21 世紀的前十年，中國政府將扶貧對象設定為扶貧標準以下的人口。中央政府確認了 592 個國家扶貧開發工作重點縣。為了解決這一突出問題，政府實施了推動全村扶貧開發的模式，並通過教育發展、工業化、安排就業而非直接補助、移民搬遷和財政扶持等途徑，在一些特殊困難地區實施符合當地特點的扶貧項目，在一些特殊困難地區實施因地制宜的扶

---

① 《十六大以來重要文獻選編》（上），中央文獻出版社，2005 年，第 850 頁。

貧開發。

　　貫徹扶貧攻堅的同時，地方政府也高度重視人權。中央政府對 22 個人口不足 10 萬的人口較少民族給予了特別扶持，頒發了《扶持人口較少民族發展規劃（2005—2010 年）》，並向人口較少的民族及其社區投入了 37.51 億元的幫扶資金，以加快其發展步伐。此外，通過實施《中國婦女發展綱要（2001—2010 年）》，政府制定了一項專門的婦女扶貧計劃，該計劃優先考慮緩解婦女貧困程度，減少貧困婦女數量。

　　中國共產黨第十八次全國代表大會確定了下一個十年的發展方向。習近平主席把扶貧開發作為總體發展戰略的核心。與此同時，政府努力實現極為重要的戰略使命：全面建成小康社會。這一任務需要納入“五位一體”總體佈局和“四個全面”戰略佈局，據此進行決策。“五位一體”總體佈局與社會主義現代化建設全面接軌，其中包括經濟建設、政治建設、文化建設、社會建設和生態文明建設，而“四個全面”包括全面建成小康社會、全面深化改革、全面依法治國、全面從嚴治黨。消除貧困、改善民生、實現共同富裕的思想，已成為習近平新時代中國特色社會主義思想當中的重要治國方略。

　　習近平新時代中國特色社會主義思想已成為中國共產黨和人民的重要指導思想。這一思想深受儒家思想的精神啟發，融入了毛澤東的革命思想和鄧小平式的改革理論。正因為如此，這一思想蘊含著系統的內容體系，即“八個明確”和“十四個堅持”，包括堅持全面深化改革，堅持新發展理念，堅持黨對人民軍隊的絕對領導，堅持人與自然和諧共生，堅持“一國兩制”和推進祖國統一等。

　　在脫貧方面，引入長效機制，解決其實際問題。為此，《脫貧攻堅責任制實施辦法》得到發佈，“中央統籌、省負總責、市縣抓落實”的脫貧攻堅工作機制得到完善。除此之外，脫貧攻堅政策、脫貧攻堅資金投入、脫貧攻堅監管和脫貧攻堅評估體系也得到了建立。

在中共中央和國務院的有力領導下，經國務院扶貧開發領導小組的全面協調以及地方政府的積極配合和社會的參與，所採取的措施已見成效。

據世界銀行統計，按照國際貧困線標準（每人每日 1.9 美元）計算，40 年來，中國成功減少了 7 億多貧困人口。在這些方面，"中國在經濟快速增長和減貧方面取得了前所未有的成就"。更重要的是，中國是世界上第一個實現聯合國《2030 年可持續發展議程》減貧目標的發展中國家。事實勝於雄辯，中國提前十年實現了這一目標，堪稱全球減貧事業的領導者。

有數據表明，2019 年中國農村人民生活水平仍在不斷提高。例如，2019 年前三季度，貧困地區農村居民人均可支配收入為 8163 元，比 2018 年同期增長 10.8％。

中國在減貧方面的突出經驗可為其他國家所借鑒，特別是中國願意為建設人類命運共同體作出貢獻。正如習近平主席睿智地指出，霸權主義抬頭是對世界體系的嚴重破壞和威脅。因此，必須建立夥伴關係，以推動造福於全人類的開放、創新和包容性發展。普通民眾的生活質量決定了我們的未來。

最後，用一句中國諺語結束本文——"不怕慢，就怕站"。

| 第三章 |

希望的信號：中國為發展中國家減貧
帶來了啟迪與賦能

一、從"你吃了嗎"到"你瘦了"①

中國曾經對貧窮有著切膚之痛，對美好生活充滿渴望。人們見面打招呼時會說"你吃了嗎"，這是億萬中國人在艱難年代的生活寫照，彼時中國人的溫飽問題還未得到解決。

改革開放 40 年後的今天，中國人的問候語已悄然發生變化，變得多元起來，許多人開始用"你胖了"或"你瘦了"打招呼。

問候語的變化折射出中國人已基本解決溫飽問題，向著更注重生活質量的方向轉變。

中國有句諺語"一鍬挖不出一口井"，它與西諺"羅馬城不是一天建成的"意思相近。1961 年，我出生在中國東北城市哈爾濱，媽媽至今還常說："懷你時，根本吃不上雞蛋牛奶，看著商店的上海'大白兔'奶糖，饞得直流口水。" 20 世紀 70 年代，做鐵路工程師的父母每月從各自微薄的 56 元工資中，寄給農村爺爺奶奶和姥姥姥爺各 15 元，因為農村的生活更艱難。爺爺奶奶則把鄉下的地瓜乾和花生米寄給我們。

———————————

① 作者：尹樹廣，香港《文匯報》前副總編輯，中國國際戰略研究基金會研究員。

　　城鄉親人情同手足，互通有無，這既是中國傳統農業社會緊密家庭關係的現實寫照，又是孔夫子倡導的以“仁愛”為核心的儒家思想的延續。這一優良傳統構成了中華民族生生不息的精神源泉，培養了中國人勤勞、忍耐和樂觀的性格，亦成為克服生活磨難的益世良方。

　　1978 年，中國終於迎來歷史轉折關頭，鄧小平開啟了中國改革開放的里程碑進程。那是中國恢復高考的第二年，我幸運考上黑龍江省重點中學——哈爾濱市第一中學高中部。我只有一個想法：一定要考上大學。1978 年，日本故事片《追捕》熱映，鏡頭中閃現的東京摩天大樓、川流不息的車流，讓所有中國人的心靈受到強烈震撼。對外開放成為所有中國人的共識。

　　當時，我不敢想象有朝一日能擁有一輛小汽車，能到東京旅遊。由於中國當時實行計劃經濟體制，絕大多數日用品都要憑票供應，我家只有一台縫紉機和收音機，一家四口人擠在一間 12 平方米的屋子裏。

　　鄧小平被譽為中國改革開放總設計師。40 年前，他提出“貧窮不是社會主義”“發展是硬道理”“讓一部分人先富起來”等一系列大膽論斷，回想起來，至今還讓人激動不已。

　　1987 年，中共十三大提出社會主義初級階段理論，這一鄧小平理論的精髓奠定了改革開放政策的理論基礎，統一了中國共產黨人的思想和行動。鄧小平的“富民理論”不僅成功促成中國特色社會主義市場經濟體制的確立，更為 2020 年全面實現脫貧攻堅、全面建成小康社會提供了堅實制度保證和物質條件。

　　2013 年 11 月，習近平主席首次提出“精準扶貧”方略，中國扶貧之路開始從粗放化走向精細化的歷史演變。習近平身體力行，不僅每年多次去農村指導減貧工作，還為這項工作制定了關鍵績效指標（KPI），作為各級領導幹部的政績考核重點，強調要“久久為功”和“抓鐵有痕”。所以，中國的減貧事業取得了世界矚目的成就不是偶然的。

改革開放讓近 8 億中國人徹底擺脫了貧困，貧困率降低了 94%。截至 2019 年，中國的極端貧困人口下降到 551 萬人，僅佔 14 億中國人的 0.4%。中國成為第一個實現聯合國千年發展目標中減貧目標的發展中國家。

2019 年，聯合國秘書長安東尼奧·古特雷斯在參觀中華人民共和國成立 70 週年閱兵儀式時由衷地感歎：「中國讓 8 億人脫貧，譜寫了人類減貧歷史的輝煌篇章。」

2020 年，新冠肺炎疫情使全球經濟陷入深度衰退之中，中國經濟也受到前所未有的衝擊。但中國政府迎難而上，依然將消滅 551 萬絕對貧困人口作為 2020 年全年優先任務之一不動搖。

中國在與貧窮作鬥爭的事業中取得了舉世矚目的成就。2017 年 2 月，古特雷斯在慕尼黑安全會議的講話中對此稱讚道：「中國成為全球減貧作出最大貢獻的國家。」作為一名從事新聞報道幾十年的中國媒體人，筆者認為中國「減貧奇跡」的成功原因可概括如下：

一是減貧成績單是中國 40 年改革開放政策的必然結果，改革開放政策為全面減貧成效提供了保證。40 年來，中國減貧的深化與改革開放的進程幾乎同步：從沿海地區轉向中西部欠發達地區、從大城市轉向廣大農村、從北上廣深和省會轉向三四線中小城市，才可能像打魚收網那樣，形成 2020 年的精準扶貧決戰階段，最終將使 551 萬絕對貧困人口走出困境。

二是形成了一整套切實可行的減貧政策和實施機制。在國家歷次「五年計劃」中，均包括有減貧內容。中央政府設有專門的國務院扶貧辦，一名副總理親自抓落實。省、市、縣、鄉四級行政管理部門均設有扶貧職能機構。

三是中央預算每年都拿出大量財政資金用於支持扶貧。

四是中國憲法規定中國是單一制國家，有利於政府在全國範圍內落實政策，這也有利於為高效落實減貧措施提供經驗和動力。

　　五是確定了基建扶貧、易地扶貧、教育扶貧、衛生扶貧、金融扶貧、產業扶貧、旅遊扶貧、互聯網扶貧等八大重點扶貧領域。這八大領域不僅符合中國具體國情和特點，而且同當下方興未艾的互聯網經濟、數字經濟等新經濟革命結合了起來，給中國減貧裝上了科技的翅膀。

　　2013 年下半年，習近平主席提出"一帶一路"倡議，這為國際減貧合作提供了新契機。在全球範圍內，"一帶一路"合作正順利推進，這可以使中國與沿線國家的合作成果惠及更多人，使沿線各國更多人就業、更多人喝上乾淨的飲用水、更多孩子獲得受教育的權利等。

　　1995 年夏，我曾去內戰中的"中亞山國"塔吉克斯坦採訪。從哈薩克斯坦開車去之前，我問一位當地同行朋友："需要點什麼？"他不假思考地回答："帶一袋子白麵（25 公斤）和白糖吧！"當我到達首都杜尚別，得知當時人均收入才 5 美元，連米麵油糖都沒有，我理解了"貧窮"的真正含義。至今，當時的情景歷歷在目。

　　所以，和平與發展應是國際社會永恆的主題，國際減貧合作任重而道遠。

　　渴望公平，擺脫貧窮，是各國人民的夢想，是人類文明進步的標誌之一。20 世紀的兩次世界大戰、許多國家的內戰悲劇都讓人們認識到和平與發展彌足珍貴。

　　聯合國千年發展目標和《2030 年可持續發展議程》將"消滅貧困和飢餓"列為全球首要目標和議程，國際減貧路漫漫。只要各國政府和人民齊心協力，國際減貧事業一定會取得更大成就。

二、中國減貧經驗對其他發展中國家的啟示和意義 [1]

中國是第一個實現聯合國千年發展目標的發展中國家，為全球減貧事業作出了重大貢獻。中國自 1978 年實施改革開放政策以來，使 7 億多貧困人口擺脫了貧困，對過去 40 年世界減貧事業的貢獻率超過 70%。當前，中國正在實施精準扶貧精準脫貧方略，並向世界宣佈，到 2020 年底實現現行標準下農村貧困人口全部脫貧，徹底消除絕對貧困的目標。無論是從宏觀層面還是從微觀層面來說，中國在減貧領域的經驗對於很多發展中國家都極具價值。

從不同的視角和維度，可以歸納總結出很多中國減貧經驗。從宏觀層面來說，中國的減貧經驗可以歸納為四個方面：一是堅持改革開放，保持經濟快速增長，為大規模減貧提供環境和經濟基礎。二是制定一系列有利於貧困人口發展的制度政策，形成大規模持續減貧的政策基礎。這些制度包括明確農民對土地的使用權和收益支配權的土地制度、積極的就業政策、保障所有學齡兒童接受教育的義務教育法、在城市實行基本醫療保險、在農村實行合作醫療的政策，以及建立了以社會保險、社會救助、社會福利、優撫安置和社會互助為基礎的社會保障制度等。三是實施專項扶貧開發計劃，增強貧困地區和貧困人口的自我發展能力。中國先後實施《國家八七扶貧攻堅計劃（1994—2000 年）》《中國農村扶貧開發綱要（2001—2010 年）》《中國農村扶貧開發綱要（2011—2020 年）》，同時，針對特定人群組織也實施了婦女兒童、殘疾人、少數民族發展規劃。四是堅持動員全社會參與，發揮中國制度優勢，構建了政府、社會、市場協同推進的大扶貧格局，形成了跨地區、跨部門、跨單位、全社會共同參與的多元主體的社會扶貧體系。

---

① 作者：伍鵬，中國扶貧基金會國際發展部主任。

從微觀層面來說，中國的減貧經驗也可以歸納為四個方面：一是建立健全從中央到地方的扶貧組織體系，實行責任、任務、資金和權力 "四個到省" 的扶貧工作責任制。二是根據國情確定了貧困線，並且使用了多維化的貧困評定標準，將 "兩不愁、三保障"，即不愁吃、不愁穿，義務教育、基本醫療和住房安全有保障作為脫貧標準。三是實施了精準減貧方略，注重抓 "六個精準"，即扶持對象精準、項目安排精準、資金使用精準、措施到戶精準、因村派人精準、脫貧成效精準，確保各項政策好處落到扶貧對象身上。四是結合時代的發展，不斷探索減貧新模式，如東西協作扶貧、定點扶貧、勞動力轉移培訓扶貧、易地搬遷扶貧、產業扶貧、教育扶貧、科技扶貧、生態扶貧、社會保障兜底扶貧、旅遊扶貧、構樹扶貧、光電扶貧、資產收益扶貧、金融扶貧、電商扶貧等。

中國的減貧成就和經驗得到世界各國的高度認可，其他發展中國家在學習中國的減貧成就和經驗方面存在極大需求。然而，因為不同國家的政治體制、發展階段不同，對於中國的減貧經驗肯定不能簡單地照抄照搬，需要根據自身的實際情況有針對性地學習借鑒。在如此豐富的中國減貧經驗中，以下幾個方面尤其值得其他發展中國家學習借鑒：

一是中國政府在國家層面制定減貧中長期規劃，確保實現減貧工作目標的經驗。這些規劃都是根據當時經濟社會發展實際情況，在減貧目標、減貧對象與重點、基本方針、內容和途徑、政策保障（含資金投入）和組織領導方面都有明確要求，確保扶貧目標的實現。發展中國家可以借鑒中國這方面的經驗，在國家層面制定中長期減貧規劃，統一共識、凝聚資源、降低各級溝通和決策成本、提升減貧工作效率，實現減貧目標。當然，只制定減貧規劃是不夠的，還需要持之以恆地貫徹執行。一些發展中國家往往也有制定很詳細的減貧路線圖，但是要麼政府沒有財政預算支持，成為被束之高閣的字面規劃；要麼就是因為頻繁的領導人更替，導致規劃被迫中途放棄，得不到持續的貫徹和執行。

　　二是中國建立自上而下的完整減貧機構，為減貧提供組織保障的經驗。中國政府依託行政體系在國家層面設立國務院扶貧辦，負責統籌全國扶貧開發工作，在省、市、縣、鄉各級都設立了相應的扶貧部門，形成了自上而下完整的減貧機構，以政府為主導高效開展減貧行動。但是，有些發展中國家行政機構越往下，能力會越弱，到了鄉鎮級別，行政機構的執行能力非常有限，一般靠部落酋長或其他社區領袖來管理，減貧規劃往往不能有效地貫徹執行，從而使規劃的減貧效果大打折扣。實踐證明，中國自上而下完整的扶貧機構體系對保證完成中國減貧任務起到關鍵作用，發展中國家可以根據本國實際，建立類似的減貧組織體系，如果政府的行政體系不足以支撐，可以與社會組織建立合作夥伴關係，共同完成減貧組織體系的建設，確保國家層面的減貧規劃能高效地貫徹執行。

　　三是通過建檔立卡，把貧困人口精準識別出來的經驗。中國通過群眾評議、入戶調查、公示公告、抽查檢驗、信息錄入等程序，開展到村到戶的貧困狀況調查和建檔立卡工作，識別貧困人口。貧困人口識別出來以後，針對扶貧對象的貧困情況確定責任人和減貧措施，確保減貧效果。發展中國家每年能接收到大量來自國際發展機構的減貧援助資金，但是有很大一部分減貧援助資金在中間環節消耗掉了。仔細研究後發現，國際發展機構為了保證項目公平公正，在篩選受益對象方面花費很多，他們往往需要僱傭一批兼職人員深入社區，通過問卷調查、社區商議等程序，把需要幫助的貧困戶識別出來，而且其調研的樣本量往往是實際資助人數的一倍以上，耗費了大量的人力和物力，才能識別出令各方滿意的受益人。然而，這並不是一家發展機構在做這樣的動作，所有開展減貧項目的國際發展機構都在做同樣的事情，重複消耗大量本來就稀缺的減貧資源。如果發展中國家借鑒中國建檔立卡經驗，由政府把需要幫助的貧困戶統一識別出來，其他減貧參與機構只要瞄準這些被識別出來的貧困戶開展項目，就能節省大量的前期識別費用，從而把寶貴的減貧資源更多地用在受益人身上。

　　四是可以借鑒中國接地氣的減貧模式。中國是世界上最大的發展中國家，在沒有脫貧之前，經濟社會發展基礎與絕大部分發展中國家差不多。所以，在同樣基礎上發展出來的中國減貧方法和模式，對發展中國家有極大的參考借鑒價值。中國減貧技術在發展中國家取得成功的案例很多，比如中國扶貧基金會在埃塞俄比亞實施的非洲水窖項目就是其中之一。2011年非洲之角發生旱災的時候，中國扶貧基金會項目人員在實地調研時發現，當地解決貧困農戶飲水問題的方式要麼用卡車運水，要麼打深井泵水，這兩種方式投入成本都非常高。由此，中國扶貧基金會項目人員想到了中國乾旱地區使用的水窖技術，通過雨季收集雨水儲存在水窖裏，旱季提取使用的方式，低成本解決貧困家庭的飲水困難。中國水窖項目引入埃塞俄比亞之後，因為投入成本更低，深受當地貧困農戶歡迎，目前已經實施三期，完成 120 口水窖的援建。

　　中國的成功經驗使國際社會看到了希望：貧困是可以消除的。中國的減貧經驗是一個富礦，值得其他發展中國家探究和借鑒。當然，無論是中國政府還是民間社會，都非常願意把中國的減貧經驗分享到有需求的發展中國家，為這些國家早日實現聯合國《2030 年可持續發展議程》目標作出貢獻！

三、減貧與經濟發展齊頭並進 [①]

　　中華人民共和國成立以來，中國取得了舉世矚目的經濟社會發展成就，也在減少貧困方面取得了長足的進步。特別是改革開放以後，中國有 7 億多人擺脫了貧困，超過了拉丁美洲的總人口，為世界貧困人口的減少

---

① 作者：張弛，中國社會科學院經濟研究所助理研究員。

作出了卓越貢獻。

　　中國減貧 70 年積累的豐富經驗，對於世界其他國家來說具有很好的借鑒意義。不過，一些西方國家從自身角度分析認為，中國之所以能夠取得如此巨大的減貧成績，主要是因為抓住了特殊的歷史機遇，利用世界生產體系轉移的過程，成為世界工廠，在國際貿易中充分利用廉價勞動力的優勢，使得經濟發展迅速，才取得了巨大的發展成就。這種發展機會不可複製，因此他們認為中國的減貧經驗並不具有可複製性，僅是一種偶然現象。

　　這實際上是機械地看待經濟發展的過程，屬於刻舟求劍，也誤解了經濟發展和減貧的邏輯關係。每個時代都有每個時代的發展機遇，經濟發展也並不必然帶來大規模減貧，反而有可能導致兩極分化，增加相對貧困人口。

　　中國減貧取得成功，經濟發展在其中起到的作用僅僅是一個方面，減貧理念和政府的作用同樣也至關重要。發達國家經濟社會發展較為成熟，貧困人口比例相對固定，政府、民間、企業有著較為完善的互動救助體系，中國的減貧經驗可能對發達國家來說意義有限。不過，對於廣大發展中國家來說，中國的減貧經驗有許多積極的意義。這些國家一方面要大力發展經濟，另一方面也要解決貧困問題，如何同時處理好這兩個問題，在經濟發展的同時帶動減貧的實現，是這些國家面臨的重要命題。在我們來看，這些國家在減貧中應注意以下幾點：

　　第一，要將減貧的方法和目的統一起來。減貧的最終目的是保證人民基本生存條件，提高人民生活質量。中國改革開放前的減貧工作，就是主要通過提升人民總體的生活條件來實現的，雖然人均收入水平按世界標準來看比較低，但人民群眾的生活質量已經達到比較高的水平。中國共產黨的十八大以來開展的精準脫貧工作中強調建立長效脫貧機制，防止返貧發生。減貧不能僅僅提供資金、食物、藥品等物質支持，還需要建設相應的基礎設施，提高貧困人口的生活質量和生活能力，實現真正脫貧。

第二，要在發展中解決貧困問題。必須在發展中加大減貧工作的投入，讓貧困人口享受發展的紅利。同時，要防止發展過程中出現兩極分化，產生新的貧困問題，應合理調節社會收入分配水平。

第三，既要發揮好政府的主導作用，也要尊重人民的首創精神。減貧工作具有正外部性，政府推動這項工作對整個社會具有積極的意義。從國家層面進行減貧，需要統籌規劃，協調各方面的利益和關係，綜合利用各種資源，政府在這些方面具有其他機構或者組織無法比擬的優勢。減貧事業需要大量的資金支持，通過政府信用背書有利於資金的調度使用。因此，減貧工作的順利推進，需要一個國家通過政府制定周密的計劃，從上而下依次推動，並建立有效的監督反饋機制。與此同時，還應充分尊重人民的首創精神，正確對待人民在減貧事業中的創新和探索，將合理有效的經驗通過政府制度化、法規化，促進上下良性互動，調動人民的積極性，共同推動減貧事業取得成功。

中國的減貧經驗和啟示對於全人類來說都十分珍貴，值得推廣學習，讓更多的國家受益。

通過援助項目幫助發展中國家減貧。中國一直以來通過多種援助項目幫助發展中國家發展，特別是在非洲各國，在中國的幫助下修建了許多鐵路、公路、醫院等基礎設施，極大改善了當地居民的生存條件。中國對非洲的援助工作，與許多發達國家只提供物質支持不同，中國通過幫助非洲國家發展產業，提升當地的經濟發展水平，幫助非洲從根本上解決貧困問題。通過援助項目，中國為發展中國家帶去先進的技術和理念，也同這些國家建立起友誼的紐帶，是一種推廣中國減貧經驗的直接方法。

通過"一帶一路"倡議、亞洲基礎設施投資銀行等，傳播中國的減貧經驗。中國經歷了國家由弱到強的發展歷程，清楚發展中國家減貧的真正需求，但在西方國家主導的組織中缺少話語權，往往很難發出聲音。隨著中國國力的不斷增強，中國主導建立的許多新的國際組織，如中非合作論壇、上海合作組織等，這些國際組織可以成為很好的傳播平台。比如在這些國際組織中成立專門的減貧指導機構，由中國人負責領導；或是在舉辦的國際性會議中，設立關於減貧工作的分論壇，著重介紹中國經驗，讓更多的發展中國家有機會學習中國的減貧經驗。

　　中國近年的發展成就吸引了許多發展中國家的官員來中國取經學習。他們通過一段時間的系統學習，掌握中國的發展經驗，便能夠指導自己國家的發展。

四、中國發展經驗為巴基斯坦指明方向 [1]

　　中國為扶貧事業付出了艱苦卓絕的努力，使將近 8 億人成功脫貧，這是 21 世紀屈指可數的偉大奇跡之一。中國勵精圖治，迎難而上，最終成為繁榮昌盛的經濟大國。憑藉開拓進取和高瞻遠矚的領導層、一以貫之的政策、強而有力的方針和卓有成效的方法，應對各種挑戰，革新傳統生產操作模式，大力應用先進技術，推動農業扶持和改革進程，這是整個中國扶貧攻堅計劃進程的重要綱領。

　　中國不僅增強了自身的整體經濟實力，還引領絕大多數中國人民脫離貧困的泥淖，對全球減貧的貢獻率超過 70％。中國是巴基斯坦的戰略盟友，中巴關係是巴基斯坦外交政策的重要組成部分。在危機之時，中國更是巴基斯坦的重要夥伴。中國的經濟發展進程大大帶動了巴基斯坦的發展。

　　中國已經成為區域和全球經濟大國，啟動了龐大的項目工程和"一帶一路"倡議，中巴經濟走廊成為其中的關鍵環節。中國正在藉助中巴經濟

---

[1]　作者：穆罕默德·阿西夫·努爾，巴基斯坦和平與外交研究所所長。

走廊為巴基斯坦提供廣泛支持，旨在建立長遠發展的互通互聯項目。隨著中巴經濟走廊的全速推進，"共同富裕"這一中國夢有了強大的推動力。

核心問題是，中國取得了如此劃時代的矚目成就，對巴基斯坦有什麼意義和啟發。巴基斯坦擁有 2.2 億人口，地理位置優越，是一個發展中國家。70 多年來，以減貧為重點、實現全面發展一直是巴基斯坦整個社會經濟的核心原則。

儘管巴基斯坦政府矢志不移、篤定前行，並進行了政策層面的改革，但由於存在冗繁複雜的社會結構和行政問題，實現減貧目標依然任重道遠。巴基斯坦國內外最新的各種發展報告，無不揭示了巴基斯坦令人擔憂的貧困狀況。例如，根據最新的聯合國開發計劃署人類發展指數，巴基斯坦在 189 個國家中排名第 150 位。

巴基斯坦政府總理伊姆蘭·汗上任後不久就宣誓要為人民謀福祉，藉助中國對巴基斯坦人民的全力支持，消除貧困，改善民生。除政府主導的各種項目外，中巴經濟走廊已進入第二階段，在這一階段，除了關注互聯互通、能源、農業和工業發展外，其中一個重要使命是促進社會經濟發展，大力減貧。

習近平主席不僅帶領中國人民實現了偉大目標，他在國家治理方面的遠見卓識大大激勵了巴基斯坦領導人。習近平主席帶領中國崛起，同時也推動了全球經濟發展。作為"一帶一路"倡議的重要組成部分，中巴經濟走廊正在改變整個格局，加快巴基斯坦減貧步伐。

對巴基斯坦來說，另一個重要的好處是，中國通過中巴經濟走廊向巴基斯坦提供援助，扶持其建設強大的鐵路、公路和通信項目網絡，增強了巴基斯坦建設支持其邊緣化社區的能力。這使從農場到小企業以及國家和地區之間的聯繫越發緊密。巴基斯坦正在藉助瓜達爾港為中國貿易打入全球市場提供最短、最安全和低成本的通路。還必須指出的是，這不僅對中國大有裨益，而且也為巴基斯坦的經濟繁榮提供了契機。巴基斯坦可有效利用這些發達的網絡，在區域和全球層面建立商業、貿易和經濟事務方面的接觸和聯繫。

巴基斯坦能夠在各個領域及時了解研究、知識和技術等方面的所有最新發展成果。無論是農業、供水系統和資源管理、電子商務、工業發展與合作、戰略資產建設，還是能源領域，巴基斯坦都在不斷尋求並接受中國的援助。

例如，在中巴經濟走廊規劃初期，巴基斯坦面臨著嚴重的能源危機，但現在巴基斯坦已能滿足自身能源需求。互聯互通正在助力工業成為巴基斯坦經濟基礎的生命線。此外，巴基斯坦各地發生嚴重蝗災之後，中國提供了幫助以及創新的應急對策。巴基斯坦的電子商務和商業，與中國各大電子商務公司建立聯繫，藉此東風，蓬勃發展。

巴基斯坦是中國的盟友，也是中國改革開放和社會經濟發展可持續政策的受益者。巴基斯坦力圖通過改變整個民族的精神面貌，大力灌輸發展理念，這是一大關鍵因素。

任何發展進程，想要獲得成功，都需要構建一個因地制宜的宏偉藍圖，從而實現長遠目標。對巴基斯坦來說，同樣重要的還有，中國的發展模式保持了中國特色，因勢利導，可應對各種新的變化和挑戰。在整個發展過程中，中國並沒有因循守舊，而是衝破藩籬，與時俱進。巴基斯坦需要向中國借鑒這些重要經驗，堅持一以貫之的方針政策，根據自身具體國情求真務實，打造符合自身需求的本土模式。發展必然是個長期堅定的過程，不管政府當權者是誰，都絕不能背離初衷。

最後，由於中國的改革開放，包括啟動中巴經濟走廊，巴基斯坦也在推行財政緊縮政策，力圖消除社會各階層的腐敗現象，特別是在執行發展項目的過程中。巴基斯坦還極為重視公務員制度改革，並提供充分的支持，包括對高效、廉潔、守信的行為實行獎勵。

縱觀中國發展經驗，可明白一個道理，一個國家的命運掌握在那些廉潔守信、勇於擔當、急流勇進、在逆境中起領導帶頭作用的人手中。正是這樣的一些人，披肝瀝膽，不辜負腳下這片土地，引領中國不斷走向繁榮富強。2020年，正是中國全面建成小康社會宏偉目標的實現之年，中國人民終於得以品嚐社會經濟發展結出的纍纍碩果。

五、非洲需要深謀遠慮的減貧領導力 [①]

近 20 年來，人們對非洲的看法發生了巨大變化：從"毫無希望"的大陸變成了"充滿希望"的大陸。這種變化的基礎是從 20 世紀 70 年代和80 年代的經濟負增長和停滯增長轉變為隨後幾年的經濟正增長和相對穩定的增長。然而，儘管民生和福利有所改善，非洲在人們心目中的形象，仍然是一個戰亂頻仍、處處饑荒和極度赤貧的大陸。數十年來，尋求政治、戰略、計劃和項目以解決貧困問題的政治家、學者、研究人員、政策制定者和發展夥伴，一直在關注"非洲崛起"的悖論（一方面是根深蒂固的困頓，一方面是急於求成的增長）。

雖然非洲已在全球、區域和國家各個層面制定了一系列政策，部分已予以實施，但與全球其他發展中地區相比，非洲大陸的減貧速度一直非常緩慢。這種令人沮喪的局面，再加上經濟專家的預測表明，世界上的窮人將越來越集中在非洲，人們呼籲社會各界緊急行動起來，攜手努力，解決非洲普遍存在的貧困問題。

事實上，造成非洲貧窮的原因有很多，包括衝突、環境退化和人口高速增長。

但是，根本原因在於，急於求成的增長既沒有實現包容性，也沒有帶

---

① 作者：漢弗萊·莫希，達累斯薩拉姆大學經濟學教授，中國研究中心主任，坦桑尼亞公平競爭委員會主席。

來經濟結構的轉型。一方面，農業是大多數人的生計來源，生產率低下，卻佔據了主導地位；另一方面，經濟去工業化，這證明了轉型的延遲。

這種狀況無論在理論上還是在實踐上都是矛盾的，這突出了兩個部門之間的共生關係，某種意義上，從提高生產率的角度來看，農業部門的發展是減貧和推進工業化的最可靠方法。事實上，亞洲國家，特別是中國的發展經驗，就是這一現象的明證。這些國家成功的工業化經驗不僅提高了農業部門的生產率，而且還可以大大減少貧困和不平衡現象，這值得非洲國家借鑒和學習。中國是非洲的第二大貿易夥伴，並且中非之間有各種各樣的合作安排，非洲國家迫切希望這種合作成為實現結構轉型和減貧的強大推動力。在減貧工作中，非洲可以借鑒中國的社會經濟模式，從中學到很多東西。這種模式能夠在相當短的時間內大幅減貧。

在全面建成小康社會的進程中，中國積累了豐富的減貧經驗：保持經濟持續穩定增長，不斷出台有利於貧困地區和貧困人口發展的社會政策，把扶貧開發納入中國總體發展戰略，並將經濟發展作為減貧脫貧的根本之舉。其他重要經驗還包括充分落實扶貧目標，優先發展農業，全面推進農村經濟社會發展，優先建設貧困地區的道路、供水、供電、供氣和住房等基礎設施，並鼓勵社會參與，發揮政府、社會和市場的導向作用。

在中國 40 多年的改革進程中，中國採用了一種兼容並蓄的社會經濟發展模式，過去如此，現在也是如此。這種模式已使 8 億多人脫貧。

確實，儘管面臨新冠肺炎疫情的挑戰，但 2020 年 3 月的中央扶貧工作會議明確指出，本年度的扶貧攻堅目標保持不變，即到 2020 年底，確保中國的 551 萬貧困人口、52 個貧困縣和 1113 個貧困村全部脫貧摘帽。

這一史無前例的成就為非洲大陸提供了又一個借鑒性經驗。非洲大陸仍有 4 億多人處於赤貧狀態，非洲領導人要想有效地消除貧困，必須採納中國發展模式的一些關鍵方面，並加強與中國在各個經濟領域的合作。

《擺脫貧困》是習近平主席的個人著作，收錄了他任中共寧德地委書記期間的重要講話和調研文章，共 29 篇。全書緊緊圍繞閩東寧德地區如何脫貧致富、加快發展這一主題，提出了一系列方法，如改變思想觀念、經濟發展和管理以及領導決策。讀了這本書，我們深有感觸，其中許多問題似乎與非洲的情況極為相關。但是，我們並不是主張全盤照搬，而是主張根據非洲大陸的實際情況加以借鑒。我們已經確定了三個關鍵領域，這些領域似乎與非洲的情形息息相關，但是在當代減貧工作中卻明顯被忽視了。應使這些已確定的領域進入各級決策者的視線，由此制定相關方針政策，逐步引領非洲擺脫貧窮。

首先且最重要的是需要轉變觀念。正如習主席書中所說，"扶貧先要扶志，要從思想上淡化'貧困意識'"。換句話說，這意味著貧窮不是悲觀的宿命，完全可以面對並最終克服。事實上，所有發達國家都曾在過去的某個時期陷入貧困，這既是減貧工作的啟示，也是減貧工作的動力。

其次是需要利用現有資源與貧困作鬥爭。在大多數情況下，在貧困地區，最豐富的資源就是農業，包括農作物、林業、牲畜和海產品。必須開發資源，對資源有效調配與利用，這是使一個國家擺脫貧困的主要途徑。這就是習近平主席所說的"經濟大合唱"。同樣，這些地區的工業化應以資源為基礎，生產加工農產品。這方面突顯了農業與工業之間的緊密聯繫。建議在起草工業政策時，重點應放在"緊緊圍繞工業發展農業，以發展工業來支援農業"。

動員人民群眾和加強幹部隊伍建設，是解決貧困問題的關鍵因素。習近平主席強調："各級領導幹部要深入實際，深入群眾，堅持從群眾中來到群眾中去。"[1] 習近平主席進一步描述了領導幹部應具備的素質，包括忠心赤膽、克己奉公、勤勉踏實、清正廉潔、謙虛謹慎。習近平主席認為，領導幹部要想獲得人民的信任和支持，這些素質缺一不可。此外，

---

[1] 《擺脫貧困》，福建人民出版社，1992 年。

習近平主席還認為，領導幹部必須大公無私，理性務實，提倡辦實事需要科學思考和科學論證。

六、"中國智慧" 助力烏拉圭減貧 ①

2020 年是中華民族偉大復興進程中具有里程碑意義的一年，中國徹底消除絕對貧困，全面建成小康社會，實現第一個百年目標。新中國成立 70 年來，尤其是改革開放以來，中國 7 億多人成功擺脫貧困，佔同期全球減貧人口的 70% 以上。

中國共產黨人的初心和使命，就是為中國人民謀幸福，為中華民族謀復興。以習近平同志為核心的黨中央提出扶貧攻堅的執政理念，就是要讓全中國人民共奔小康、實現共同富裕。習近平總書記強調："小康路上一個都不能掉隊！"② 這是中國扶貧事業的莊嚴承諾，也是不斷深入開展扶貧工作的行動指南。

近年來，隨著脫貧工作進入攻堅期，中國把精準扶貧作為基本方略，強調對扶貧對象實施精細化管理、對扶貧資源實施精確化配置、對扶貧對象實施精準化扶持，在扶持對象精準、項目安排精準、資金使用精準、措施到戶精準、因村派人精準、脫貧成效精準上想辦法、出實招、見真效，因地制宜，對症下藥，實現貧困人口精準脫貧。

今天的世界，發展不平衡不充分問題仍然普遍存在，南北發展差距依然巨大，貧困和飢餓依然嚴重。貧困及其衍生出來的飢餓、疾病、社會衝突等一系列難題依然困擾著許多發展中國家。習近平主席提出構建人類命運共同體的理念，要著力解決發展失衡、治理困境、數字鴻溝、分配差距

---

① 作者：王剛，中國駐烏拉圭大使。

② 2017 年 10 月 25 日，習近平在十九屆中共中央政治局常委同中外記者見面時的講話。

等問題。

中國秉持共建共治共享的減貧理念和開發式扶貧理念，將產業扶貧與穩定脫貧相結合，將"輸血式"扶貧與"造血式"扶貧相結合，將精準扶貧與綠色發展相結合，將自身扶貧與國際扶貧相結合。

中國在推進國內扶貧事業發展的同時，也一直是全球減貧事業的積極倡導者和有力推動者。過去 70 年，中國累計向近 170 個國家和國際組織提供援助資金 4000 多億元，實施各類援外項目 5000 多個，派遣 60 多萬名援助人員，為發展中國家培訓各類人員 1200 多萬人次，為 120 多個發展中國家落實千年發展目標提供了幫助。

2018 年 11 月 1 日，中國政府在烏拉圭首都蒙得維的亞市援建了一所小學，即將竣工。新校舍距離老校舍兩個街區，配備 9 間教室，並將專門設立一間"孔子課堂"。校長蘇姆女士說，得益於中國的幫助，學校的硬件有了很大的提高，課程設置也更加豐富，孔子學院的老師現在定期來授課。學校已連續兩年組織師生訪華，在華遊學經歷激發了孩子們的學習熱情和動力，他們歸來後紛紛表示，這是一次勵志之旅，決心將來一定要考上大學，有此鴻鵠之志在烏貧寒子弟中十分難得。烏拉圭駐華大使盧格里斯說，中國的援助給孩子們帶來了希望，"在卡薩瓦耶區，當孩子們看到新的校舍，他們會相信將有更好的未來在等著自己"。

中國願在"一帶一路"框架下，秉持正確義利觀，同包括烏拉圭在內的世界各國攜手合作，集思廣益，共同應對貧困問題的挑戰，為推動人類命運共同體建設，共同創造人類的美好未來而不懈努力。

II

第二篇

百年
目標

中國精準扶貧的經驗與創新

| 第一章 |

高質量就業和收入增長

一、經濟增長是關鍵驅動力 [1]

自 20 世紀 70 年代末經濟體制改革以來，中國已有 8 億人擺脫了絕對貧困，創造了人類減貧史的奇跡。到 2020 年底，中國有望提前 10 年完成聯合國《2030 年可持續發展議程》制定的減貧目標。這一歷史性的成就對全球減貧的貢獻率高達 70% 以上。

這主要是由於總體經濟增長改變了世界經濟，部分是由於在過去幾十年中為消除貧困而試行和實施的專門性政策，特別是旨在消除農村極端貧困的精準扶貧戰略啟動之後。

1978 年中國開始經濟體制改革，以及隨後實行中國國際貿易和對外投資開放，逐步開放國際市場，經濟迅速增長，由此達成了這項史無前例的成就。中國脫貧攻堅的故事是整個中國經濟的成功故事。當然，在這個過程中也遇到了無數艱難曲折。

中國的經濟發展需要管理大量人口從農村到城市的遷移，涉及農業生產、製造業乃至服務業等各行各業。

這些重大變化也造成了經濟發展不平衡現象，在經濟快速增長期，這

---

[1]　作者：喬瓦尼·特里亞，意大利經濟與財政部前部長。

是不可避免的。隨著越來越多的人擺脫了極端貧困，其中許多人成為中產階級，中國不得不應對快速發展的沿海省份與相對落後的內陸省份之間的發展不平衡，以及增長率較高的省市內部的社會和經濟不平衡。因此，減貧成功也是兼顧這些不平衡並使其得到控制方面的成功。

減貧的成功還在於中國有能力在"私有經濟日益增長下的市場經濟發展"和"中央政府宏觀調控下分散管理的計劃經濟"之間取得平衡。在以國內人口大量流動為特徵的過渡時期，要確保勞動力的增長和教育衛生水平的提升，就更加印證這一能力的重要性。在這一時期，經濟增長和擺脫貧困這兩個基本因素越來越多地依賴於私人儲蓄。

對於一個需要在經濟快速增長和包容性增長之間尋求持續平衡的國家來說，中國的脫貧攻堅一直是一項發展戰略。如今，中國需要針對部分人口和落後地區的發展採取專門的包容性政策。

但是，要了解中國為全球減貧作出了多大的貢獻，我們還應該考慮中國經濟增長對於其他新興經濟體和發展中國家增長動力的直接影響，以及中國的成功如何為我們提供了借鑒性經驗，其中甚至改變了我們如今看待發展中國家國際發展合作機構發展政策的方式。

關於中國經濟增長對全球經濟，特別是對亞洲和非洲其他發展中經濟體和新興經濟體經濟增長的直接影響，我們應該考慮，隨著中國工資水平的提高和中國經濟的轉型，中國如何成為複雜的全球供應鏈網絡的中心，為一些低收入發展中經濟體逐步提供了低附加值的生產。

實際上，中國已經從依賴出口和投資支撐的增長轉變為依賴國內消費支撐的增長，從製造業轉變為通過廣泛利用製造業外包而日益以服務為導向的體系，並且，最終從通過外國直接投資引入創新轉變為內生創新。就這樣，中國沿著國際供應鏈躍上了附加值梯級，在密集的生產鏈和國際貿易網絡中推動和轉移技術，這在包容國際貿易、外國投資流和向許多低收入發展中國家提供技術轉移的過程中發揮了重要作用。

中國使得眾多發展中國家借鑒開放國際市場和外商投資的中國發展模式發揮比較優勢。從這個角度來看，中國還對傳統的扶貧開發合作和援助政策產生了整體性影響。

同時，在傳統的南北援助效果不佳的時候，中國在南南發展合作中也發揮了日益重要的作用。基本上，西方捐贈機構和多邊發展機構的官方援助方案未能幫助低收入國家克服阻礙工業化和經濟發展的基礎設施瓶頸。

出現這一障礙的原因是發達國家劃撥給援助發展的資源減少。大多數發達國家的公共預算困難，特別是在金融危機之後，加劇了這一現象。而且許多開發項目的效果收效甚微，這些項目大多只是為了緩解極端貧困狀況，而不是改革經濟，使之走上平衡發展和包容性增長的道路，從而大範圍地減貧。從這個意義上來說，中國的發展道路是個啟示，南南合作已發展成為貿易、援助以及公共和私人投資等工具的結合。

中國的發展道路被指控為向已負債國家發放開發貸款的"債務陷阱外交"。然而，這個問題值得商榷，因為中國對貧困國家的援助部分彌補了發達國家和開發銀行干預力度的下降，而且不僅要考慮債務與國內生產總值比率，還應考慮這些貸款是否被用於旨在為基礎設施投資提供資金，從而有效地減少貧困，在中長期內推動經濟增長。

分析人士和決策者都對中國在非洲和亞洲的發展政策的有效性進行了辯論，可以肯定的是，近 20 年來，中國的國內經驗及其與發展中國家和新興國家合作的方式改變了發展經濟學，也改變了多邊開發銀行制定政策和計劃的方式。

在此背景下，意大利與中國在減貧方面的攜手合作已有 40 年的歷史。

自中國政府於 1978 年出台對外開放政策以來，意大利在華發展合作一直非常活躍。意大利是中國發展初期最早向中國提供援助的國家之一，在很長一段時間內，意大利是通過贈款和援助信貸額度計劃向中國提供援助的主要國家之一。隨著中國經濟的發展，援助的類型也發生了變化，從糧食援助、支持教育和培訓的計劃和項目，到後來的農村地區扶貧專項。

意大利保護和加強中國文化遺產的援助計劃也變得重要，原因有兩個。首先，這些計劃將意中這兩個擁有與世界上最悠久的文化遺產的國家聯繫起來。其次，這些計劃通過發展旅遊業增加了收入，幫助貧困地區的發展。並且還因為，一個國家的遺產和歷史文化意識是集體動員的重要因素。

但是，在我看來，意大利為中國減貧作出的最重要貢獻是藉助雙邊貿易、技術和科學合作以及意大利各個先進工業部門的私人投資流。換句話說，中國在脫貧攻堅方面的成功得益於前所未有的經濟增長，意大利在基於近幾十年來逐步加強的兩國經濟互補性的商業關係和經濟合作中也做出了貢獻。

如今，在中國的積極經驗和意中兩國分別與低收入國家進行經濟合作的經驗的基礎上，兩國可以合作制定聯合計劃和項目，消除世界其他地區的貧困。意中兩國可以通過多邊開發銀行合作設計可持續投資計劃，在這些多邊開發銀行中，兩國已經分擔了戰略任務，並且可以根據第三方開發協定以及在"一帶一路"倡議的框架內進行合作。

人們越來越普遍地認為，全球扶貧將以經濟合作為條件，推動一個將近80億人口居住的高度互聯互通的世界的經濟增長，這是至關重要的。在這個世界上，所有國家，特別是最貧窮的國家，其命運取決於能否通過融入全球經濟，利用各個經濟體的經濟比較優勢。同時，已經擺脫貧困桎梏的國家採取的這種合作行動符合全球利益。實際上，扶貧攻堅是一項全球性公益事業，抗擊氣候變化和健康保護同樣如此，只有在一個彼此合作的全球化世界中才能取得成功。

二、金磚國家的減貧歷程：增長與收入分配的作用 [1]

貧困、增長、不平衡之間存在錯綜複雜的“三角”關係。聚焦金磚國家的減貧歷程，可以比較增長和貧富差距的變化在其中所發揮的作用。

我們的研究顯示，在金磚國家中，2004 年之前，中國的貧困率最高；2004 年之後，印度的貧困率最高，俄羅斯最低，南非和巴西則在中間。

考慮到中國巨大的人口基數和顯著的貧困率下降幅度，中國無疑是減貧最為成功的國家。根據亞洲開發銀行的研究，如果不考慮中國，由 192個國家元首簽署、聯合國發佈的千年發展目標的貧困目標就不可能如期實現。事實上，長期以來，中國對全球減貧的貢獻巨大，在 1990 年至 2015年千年發展目標推行期間，中國對全球減貧的貢獻率達到 63.9%。同時期，中國對全球經濟增長的貢獻率在 30% 左右。中國的經濟增長成就十分顯著，而中國在消除絕對貧困方面的成就更為舉世矚目。

在金磚國家減貧成就的背後是各國持續出台的推進經濟發展、減少貧困的政策。2018 年世界銀行發佈的《中國系統性國別診斷報告》中指出，中國在過去的 25 年取得了世界上絕無僅有的減貧成績，與中國實行的大規模開發式扶貧緊密相關。印度推出了農村就業保障計劃和包容性增長財政政策等反貧困措施。巴西實施了主要依靠經濟發展來減輕貧困的“無貧困計劃”。俄羅斯政府將改革戰略聚焦於經濟的復甦，進而減少了貧困。南非的黑人經濟振興法案和《2030 國家發展計劃》都把社會經濟發展作為重要目標。

金磚國家之間比較而言，從減貧途徑上看，金磚國家均是扶貧救助和扶貧開發兩手抓，既重視“輸血”工作，也重視增強貧困地區和貧困人群

---

① 作者：萬廣華，復旦大學特聘二級教授、世界經濟研究所所長。

的“自主造血”功能。中國更是提出包含產業幫扶、勞務協作、人才支援、支撐保障在內的多角度全方位扶貧開發模式。

從減貧主體上，中國廣泛動員全社會力量參與扶貧開發，鼓勵民營企業、社會組織、個人參與扶貧，形成多元主體共同扶貧的中國特色扶貧開發道路。

從減貧精準度來看，從 2013 年起，中國將精準扶貧作為扶貧工作的基本方針，建檔立卡、明確扶持對象；分工清晰、明確扶持責任人；因地制宜、明確扶持方法。其他金磚國家雖然強調精準（如俄羅斯的公共社會援助法，也強調精確瞄準），但實際政策體現並不充分。

那麼，在金磚國家（尤其是中國）取得減貧成就的過程中，經濟增長和收入分配分別起了什麼作用呢？

我們的研究發現，所有金磚國家的減貧成就主要歸功於經濟增長，收入分配只充當了輔助的角色。更為遺憾的是，與“劫富濟貧”相反，金磚國家在不少年份裏的貧富差距發生惡化，致使貧困率上升。由此可見，嚴格控制收入分配不均、千方百計促進包容性增長是金磚國家乃至全球共同面臨的巨大挑戰。而聯合國《2030 年可持續發展議程》裏已經添加了關於收入分配不均的指標。

經濟增長對貧困率下降至關重要，但這並不意味著可以忽視收入分配的作用，因為收入分配與貧困直接相關，並會間接影響經濟增長。從根本上說，巴西、俄羅斯、南非相對較慢的減貧速度是由於其日益嚴重的收入不平等。金磚五國中，南非的基尼係數一直處於最高位置，巴西次之，其基尼係數一直處在 45%—55% 之間。

從趨勢上看，除了巴西，其他四國的基尼係數均有所上升，南非從 1975 年的 58.4% 上升到 2015 年的 60.2%；印度從 1973 年的 38.1% 上升到 2012 年的 47.2%；中國自改革開放以來，收入分配不均程度也在逐漸攀升，從 1978 年的 28.4% 上升至 2008 年的 43.3%，儘管近年出現些許下降，但在 2015 年仍然處於高位的 41.1%；由於蘇聯解體，俄羅斯在 1990 年至 1995 年期間基尼係數急速上升，接著緩緩下降，從 1996 年的 37.4% 下降至 2016 年的 33.3%。就巴西而言，儘管其基尼係數從 1970 年的 50.3% 下降至 2017 年的 46.5%，但下降程度十分有限。

這些國家的收入分配問題阻礙了其減貧進程。

金磚五國是新興與轉型經濟體的代表和典範，人們大多關注這些國家的經濟增長，而往往忽視其收入分配和貧困問題。人們需要改變這種觀念，不僅因為減貧和收入差距是聯合國《2030 年可持續發展議程》裏最為重要的指標，而且因為經濟增長受到貧困和收入分配不均的高度影響。比如，包括巴西在內的拉丁美洲國家面臨經濟停滯、掉入中等收入陷阱的主要根源就在於收入差距大。又如，收入分化及其分化所導致的犯罪，是南非難以獲得國外直接投資的根本原因之一。

改革開放後的中國是世界上發展最快、扶貧攻堅最為成功的經濟體，但同時也經歷了貧富差距的不斷攀升，並引起了一系列社會經濟問題，其中最為緊迫的是國內消費疲軟。不難理解，當富人不再增加消費（富人有錢不消費），而窮人想消費卻沒有錢時，國內消費需求顯然無法拉升。換言之，中國儲蓄率過高的詬病與貧富差距緊密相關，並且與其對應的內需不振在逆全球化浪潮中無疑會拖累中國的經濟增長。

當然，經濟增長會帶來貧困的下降，這就是所謂的水漲船高；即便沒有增長，當收入分配得到改善時（比如通過財政轉移的“劫富濟貧”），貧困率也會下降。事實上，很多地區或國家的貧困完全可以通過改善收入分配而得到解決。即便是諸如印度這樣的國家，如果沒有收入差距或收入差距很小，按照世界銀行每人每天 1.9 美元或 3.2 美元甚至 5.5 美元貧困線計算，貧困就會消失，因為印度的人均國內生產總值（GDP）已經超過了 2000 美元。需要說明的是，儘管人均 GDP 不等於人均收入或人均消費，但世界銀行的貧困標準仍需要用各國的購買力平價進行平減。對發展中國家而言，其物價往往較低，購買力較高，以購買力平價表示的貧困線往往大大低於以官方匯率表示的貧困線。

　　展望未來，中國除了應該設法減少儲蓄，增加居民消費，以便在經濟緩行的情況下仍然能夠保持一定的減貧速度，還應該重視貧富差距加大較快的問題，這抵消了經濟增長的減貧效應，影響了經濟增長的持續性。而其他金磚國家在防止收入分配不均的同時，更需要控制消費，增加儲蓄，以通過擴大投資拉動經濟增長。最後，中國在治貧過程中高效發揮了政府、社會各界和國際合作的作用，這些都是其他國家可以借鑒與學習的。

| 第二章 |

鄉村振興、城鄉發展一體化與人口結構變化

一、振興農村經濟是減貧的關鍵因素 [①]

2020 年 5 月 28 日，國務院總理李克強在十三屆全國人大三次會議閉幕會後的記者會上披露，中國仍有 6 億人每個月的收入不足 1000 元（約合 140 美元）。新冠肺炎疫情暴發之前，根據官方的國家貧困線估計，中國有約 500 萬貧困人口。該貧困線相當於世界銀行對極端貧困的定義（按購買力平價計算每人每天 1.9 美元）。由於疫情暴發，之前超過貧困線的人，其中一部分可能再次返貧。但是中國政府重申了在 2020 年消除極端貧困的決心，並將通過多種政策和財政扶持計劃，擴大最低生活保障和失業保障的覆蓋面。中國毫無疑問能夠達成這一目標。但問題是如何守住消除極端貧困的戰果，並在振興農村經濟方面取得進一步進展，從而在 2035 年之前實現除基於收入的極端貧困以外的各種目標，如教育、保健、住房、農村生活條件和環境。借鑒其他國家的經驗非常重要。

從 1971 年到 1979 年，韓國實施了一個以社區為基礎的綜合性項目——新村運動，將農村發展列為國家政治議程的優先事項。該項目旨在縮小農村地區和快速發展的城市地區之間日益擴大的收入和生活質量差

---

① 作者：樊勝根，全球食物經濟與政策研究院院長，國際食物政策研究所前所長。

距。該項目首先把重點放在村級自助項目，隨後農民嚐到了甜頭，新村運動由此逐步演變為自發的運動，迅速擴展為在灌溉、農業投入（特別是現代種業）、電氣化和交通運輸方面的一系列投資。女性俱樂部幫助婦女發起創收項目並參與決策。從 1970 年到 1979 年，農村家庭收入增長了 5 倍，與城鎮家庭收入持平。那些亟待將國家項目與地方參與聯繫起來的國家，可從這種模式中獲得一些啟示。

20 世紀 50 年代至 80 年代，隨著工業化和城市化進程的加快，日本面臨人口銳減、農田荒蕪和農村自然資源退化的問題。20 世紀 90 年代以來，日本已啟動了多個項目，振興農村產業，搞活農村經濟。這些項目除了投資農村基礎設施以及改善當地居民和移民的生活條件外，還有一個特點，就是促進包容性的城鄉聯繫，通過農貿市場和合作社將當地農民與城市消費者聯繫起來。與中國一樣，隨著年輕人向城鎮遷移，日本的農村人口正在逐步老齡化。2000 年，日本實施了一項強制性的社會長期護理保險計劃，為農村地區的老年人提供價格低廉的家庭和社區服務，例如家務幫工、成人日託和家護。

在泰國，開發利基產品和增強農村地區自立能力一直是減貧的關鍵因素。政府制定了“一鄉一品”（OTOP）計劃，推動泰國 7255 個鄉鎮或分區的產品生產和銷售，從而激發了當地的創業精神，並為貧困農民帶來了替代性收入。泰國還出台了多項以農村為基礎的舉措，包括有機水稻種植、手工藝品生產和鄉村旅遊，增加當地就業和可持續生計。泰國在社區發展方面的經驗凸顯增強社區自身能力的重要性，必須使其能夠抵禦 1997 年亞洲金融危機和 2009 年全球經濟衰退等外部經濟衝擊，為提高社區成員的生活質量提供穩定的基礎。這種策略的一個關鍵要素是人民知情、主動參與，使經濟發展基於其自身的需求和願望。

傳統上，歐盟採用農業補貼政策為農民提供保障。不過，2000 年以來，歐盟開始對其農業補貼政策進行改革，為農民提供直接收入補貼和環境服務補貼。歐盟設立了一個專項資金，用於發展農村地區，包括投資農村基礎設施。歐盟的新農業政策引入了目標更明確、更公平的保障措施，激勵農民採取對氣候友好、可持續發展的做法。

　　20 世紀初，美國的農業和農村逐步繁榮。但在 20 世紀六七十年代，很大一部分農村人口遷往城市。最近有一種新興趨勢，人們正在離開城市，住在離市中心兩三個小時車程的地方。如此一來，居住空間變寬敞了，還可以呼吸到郊區或農村的新鮮空氣，與此同時，並不妨礙其享受城市的優質醫療、娛樂和其他便利設施。最近美國公佈了一項 1.5 萬億美元的基礎設施投資計劃，其中很大一部分資金將用於改善農村基礎設施，包括交通、水電和網絡寬帶接入。電子商務和遠程辦公等新技術和工作模式也展現出了振興農村、創造商業和發展機會以及保持城鄉聯繫的潛力。

　　中國已經成功控制了新冠肺炎疫情，目前，經濟正在全面復甦。消除貧困不僅是 2020 年的短期目標，而且還應成為長期消除收入以外貧困（包括醫療衛生、教育、生活條件以及農村生態環境）的關鍵出發點。這些也是農村振興的主要目標。無論從短期還是長期來看，中國政府均應在借鑒國外成功經驗的基礎上結合自身特點，藉助農村振興，考慮採取以下多維度的扶貧戰略：

　　第一，必須振興包括農業和糧食在內的生產部門以及農村地區的生產後價值鏈，同時運用部分財政刺激政策為返鄉農民提供保障。在 2020 年全國人大會議上，國務院總理李克強宣佈了一項 3.6 萬億元的財政刺激計劃，以應對新冠肺炎疫情帶來的經濟減速，引領中國經濟逐步復甦。由於製造業、建築業和服務業的經濟停滯或增長勢頭放緩，許多農民無法返回城市工作。因此，失業補助應當用於幫助修建農村地區的公路、電信、灌溉等基礎設施以及其他生產性資產。還可利用一攬子計劃幫助返鄉農民創業，重振農村經濟和就業。韓國、日本和泰國的"一鄉一品"戰略以及農村文化和農業旅遊激勵政策，可在這方面為中國提供寶貴經驗。1997 年亞洲金融危機和 2008 年全球金融危機期間，韓國、日本和泰國為振興農村所採取的社會保障政策，可為中國制定振興政策提供有益的經驗。

第二，必須重新重視或優先考慮農村居民（特別是兒童和婦女）的教育、醫療衛生和營養。從長遠來看，包括教育和醫療衛生在內的未來人力資本是達成減貧目標、改善農村居民福祉和實現農村現代化的基礎。這些投資首先包括改善中小學教育。教育制度的完善會對人類發展的諸多指標（包括收入、工資和勞動生產率）產生強烈的正面影響。同時，還應重新設計政策，重點改善農村居民的營養狀況，而不是糧食自給。為婦女兒童提供營養健康的飲食，是全面改善人力資本發展的重要組成部分。在這方面，泰國的經驗尤其重要。社區領導和專家確定了營養、醫療衛生和教育基本的最低指標，這些最低指標轉化為反映地方優先事項的目標，可監測進度。此外，在泰國，社區志願者在實現這些指標方面也起到了至關重要的作用。

第三，改善環境是農村振興的關鍵因素。過去，由於過度使用化肥和農藥以及過度開採地表水和地下水，農村自然資源和環境嚴重退化。農村可通過保護性農業、雨水集蓄、生態補償等改善城鄉環境質量，這為社區成員管理生態系統資源和保護生物多樣性提供了動力。採用以社區為基礎的水和森林管理系統，也為共享繁榮、環境可持續性和社會凝聚力提供了機遇。獲得清潔飲用水和衛生設施，包括建造更多的廁所和垃圾處理設施，也應納入振興計劃。藉助這些舉措，可改善農村生活條件，吸引人們留在農村發展甚至從城市中心返鄉。中國可效仿歐盟共同農業政策的成功改革，將農業補貼轉化為對農村基礎設施和改善環境的投資。應加大支持力度，促進蔬菜、水果、豆類和漁業等營養食品的研發、生產和價值鏈發展。

第四，韓國、日本和泰國的改革實踐證明，增強農村村莊和社區的能力並對其進行激勵是振興農村最成功的戰略之一。應根據人民的意願發展經濟，在這方面，治理權下放至關重要。保證參與性、透明性、問責制並在財政權力與所賦職能之間取得平衡的分權治理系統，可對當地情況、需求和期望做出及時響應。

第五，加強城鄉聯繫，包括物質、經濟、社會和政治聯繫，對於振興農村和可持續消除城鄉貧困至關重要。城鎮經濟增長增加了糧食需求，並刺激了城鎮人口飲食結構變化。新的需求可為農村生產者改善其生計提供機會。價值鏈斷裂和協調不力削弱了城鄉聯繫，阻礙了糧食安全和營養方面的發展。對農村基礎設施和中間城鎮的投入（優質的鄉村公路和支線公路、電力、倉儲設施、通信和信息）可建立城鄉聯繫並打造經濟活動的樞紐，使小農戶和城鎮人口受益。在美國，新興的衛星城鎮通勤距離最多一兩個小時，並且使用 IT 技術在家辦公。這是中國經濟復甦可借鑒的良好實例。在荷蘭，利用現代化溫室和 ITC 平台等技術，實現城鄉一體化糧食系統，使城鄉消費者從中受益。這是中國可借鑒的另一個實例。

二、政策向農村傾斜是扶貧工作的重心 [1]

中國正在推行一系列政策，旨在實現到 2020 年消除絕對貧困的目標。這是人類的一項巨大成就，並為世界其他國家和地區樹立了榜樣。

1949 年中華人民共和國成立之初，政府實行土地改革，從而開始改善了 90％以上農村人口的生存條件。

但是，最令人矚目的成就是 1978 年中國實行改革開放以來的經濟騰飛。據報道，1978 年起，中國經濟的奇跡使近 8 億人擺脫了貧困，這在世界歷史上是前所未有的。

1979 年初，中國出台措施，力爭全面實現四個現代化：工業現代

---

[1] 作者：卡洛斯·阿基諾，秘魯聖馬科斯國立大學教授、亞洲研究中心協調員。

化、農業現代化、國防現代化、科學技術現代化。農業現代化非常重要，大多數窮人生活在農村地區並從事農業工作。農業現代化基於幾個要素：

農民可以耕種自己的土地並轉讓剩餘的土地。分田到戶提高了農民的生產積極性，從而增加了產量，增加了農民的收入。

政府開始努力改善道路等基礎設施，扶持農村地區實現現代化，並使農產品以更快捷的途徑、更低廉的價格進入市場。另外，一些金融機構向農業部門提供貸款，並幫助農民購買必要的工具，以提高生產力。中國有多家面向農村地區的金融機構，其中最大的農業金融機構是中國農業銀行。

為了減輕農村地區的貧困，中國政府從 2006 年起徹底取消了農業稅。從歷史上看，農業部門的稅收是政府的主要收入來源。這項延續 2000 多年的稅收政策正式退出中國的歷史舞台。

農村市場發展迅猛，農民不僅可以依託土地出售農產品，還可以飼養牲畜獲利或進行農產品加工。

另外，2005 年，政府決定取消農業稅，免除農村義務教育階段學生學雜費，農民的生活開始大大改善。

隨著農業現代化和農民收入的增加，另一項齊頭並進、推動中國扶貧脫貧進程的措施是工業現代化。工業現代化必然性的兩個因素：首先，農業現代化提高了農民生產率，農村出現了大量富餘勞動力，他們背井離鄉從農村走向城市，謀求個人和家庭生活的改善和發展；其次，工業部門的收入較高。

因此，大量農民離開農村去往城市就業，從事製造業工作。在這方面，中國政府實施的政策是成功的。這些政策讓大量農民工從事對外出口的製造業，從而使中國成為世界工廠。

自 1978 年以來，中國實行招商引資的政策，外企與中國企業合資，開始為國外市場生產廉價商品。中國也在教育和科技方面加大了投資，開始生產具有更高附加值的先進商品，工人收入迅速增長。

政府採取的另一項政策是針對特殊群體的一系列具體措施。中國是一個幅員遼闊、地域廣袤的大國，地勢高低起伏，地形複雜多變，有些人的貧困是由來已久、根深蒂固的。

很多人生活在人跡罕至的地區，崇山峻嶺，甚至未通公路。中國有55個少數民族，在新中國成立之前有些少數民族生活非常貧窮。中國政府給予少數民族特殊待遇，改善他們的處境。

例如，約佔人口8.5％的少數民族歷來享有特殊待遇，計劃生育政策比漢族更為寬鬆，政府還會給予各種財政補助，幫助他們發展並擺脫貧困。這些政策包括在這些地區發展農業和畜牧業、建設高速公路和鄉鎮企業等。

中國政府制定了很多政策幫助其實現消除絕對貧困的目標，其中一些對許多國家，特別是發展中國家有很大的借鑒意義，綜上所述，可歸納為以下幾點：

第一，需要制定政策，幫助提高農業產出以及農民收入。為此，重要的是提供扶貧資金，幫助貧困農民獲得必要的生產工具。在許多國家，農民無法獲得政府貸款，稅賦繁重，只能持續在貧困中掙扎。

第二，提供灌溉工程和道路等有形基礎設施，不僅能提高生產力，而且可縮短農產品到市場的產銷鏈。不僅農民受益，消費者也可購買到更便宜的食物。

第三，富餘的貧困農民進入城市，一旦找不到工作，就會成為城市貧困人員，生活並無實質性改變。因此，只有大力發展工業和製造業，才能吸納富餘的農民工。

第四，教育是政府出台的最重要政策之一，人們可以掌握更先進的技能，謀求高薪工作。只有這樣，人們才能徹底擺脫貧困。

第五，在許多國家，有些人需要政府予以特別關注，例如生活在偏遠地區的人、有特殊需要的人，如老弱病殘群體、弱勢群體或受歧視群體。
對於這些人群，政府必須出台財政補貼等特殊措施，幫助這些人克服不利
條件。

　　新冠病毒大流行對所有國家來說都堪稱重創，在許多國家，大量人口
將陷入貧困。中國是第一個受新冠肺炎疫情影響的國家，但應對得當，快
速高效地控制了疫情導致的死亡人數和經濟損失。例如，根據國際貨幣基
金組織（IMF）於 2020 年 6 月發佈的經濟預測，2020 年世界經濟將出現
負增長，全球平均增長率為 –4.9%，發達經濟體為 –8%，新興市場和發
展中經濟體為 –3% —0%，但中國將實現 1%的經濟正增長。

　　我相信，中國政府將盡一切努力，引導經濟回到正軌，並實現更高
速的增長。消除中國的絕對貧困迫在眉睫，但切勿忘記，從 21 世紀初開
始，中國一直是世界經濟的引擎。因此，世界期冀中國實現自身的目標，
而其成功經驗可供其他國家借鑒和參考。中國的發展離不開世界，世界的
繁榮也需要中國。

三、藉助農村工業化推動扶貧工作[1]

　　2010 年是全球製造業的轉折點。中國超越美國成為全球製造業第一
大國[2]。中國佔全球汽車製造業產值的 19.8%，略高於美國的 19.4%。自
2010 年以來，中國逐步提高生產力並加強密集的技術創新，保持了這一
新的領導地位。

　　21 世紀，在汽車生產領域，中國汽車產業處於全球領先地位。21 世
紀頭十年，中國汽車銷量不到 200 萬輛。2020 年之前的幾年，中國汽車

---

[1]　作者：王華，法國里昂商學院副校長，創新管理和管理經濟學教授。

[2]　彼得・馬什：《中國超美成世界頭號製造業大國》，2011 年 3 月 14 日，引自：https://www.
　　cnbc.com/id/42065544。

銷量增長達兩位數，2010 年達到 1800 多萬輛（乘用車和商用車），2018
年達到近 2800 萬輛。如今，中國的汽車產量是美國的 2 倍多、日本的約
2.9 倍，遠遠超過任何歐洲國家的汽車行業。

表 1　2000 年、2010 年和 2018 年前十大汽車生產國汽車產量 [①]

（單位：輛）

	國家	2018 年	2010 年	2000 年
1	中國	27809196	18264761	2069069
2	美國	11314705	7743093	12799857
3	日本	9728528	9628920	10140796
4	印度	5174645	3557073	801360
5	德國	5120409	5905985	5526615
6	墨西哥	4100525	2342282	1935527
7	韓國	4028834	4271741	3114998
8	巴西	2879809	3381728	1681517
9	西班牙	2819565	2387900	3032874
10	法國	2270000	2229421	3348361
全球總產量		95634593	77629127	58374162

　　對外開放和外商直接投資帶動的工業化中國汽車產業崛起主要推動力
量有兩個，一是 20 世紀 70 年代末和 80 年代對外開放政策，二是緊隨其
後的 20 世紀 90 年代外商直接投資的逐步增長。跨國公司組建了中外合資
企業，將其全球供應商帶到了中國。從 20 世紀 80 年代到 21 世紀頭十年
的約 30 年內，中國逐步在國內建立了完整的汽車產業價值鏈。

　　在中國汽車產業取得舉世矚目增長的同時，還有另一個以農村為基礎
的汽車產業共存。20 世紀 90 年代後的幾年中，中國農村汽車產業出產了

① 資料來源：https://en.wikipedia.org/wiki/List_of_countries_by_motor_vehicle_production.

數百萬輛汽車。農村汽車產業的發展是中國工業化進程中的一個獨有現象。農村汽車產業的發展既不依賴於直接技術轉移，也不依賴於外國公司投資。該產業立足於農村客戶需求，為農民工創造了大量就業機會，這是工業化和減貧的重要方面。

　　從 20 世紀 80 年代至 21 世紀頭十年，除了新興的農用車小眾市場，中國農村市場幾乎被忽略。農用車是一種新車型，有三輪農用車，也有四輪農用車。大多數三輪農用車都是用單缸柴油機製造的，最初是為固定式農業機械專門設計的。然後，對其進行調整改良。如此一來，這些農用車滿足了農民的多種目的，可用於農業活動，也可用作載人載貨，而且價格較為低廉，平均不到傳統輕型卡車或貨車價格的一半。1999 年，農用車產量飆升至峰值，達到 300 萬輛，是同年傳統乘用車的 3 倍。2010 年農用車總產量約為 2200 萬輛。

　　中國傳統汽車產業得到了中央政府的大力支持，與此形成鮮明對比的是，農用車扎根基層謀求發展，並未得到中央政府的大力扶持（Sperling, Lin, and Hamilton, 2005[①]）。20 世紀 80 年代中期之前，農用車被歸類為一種農業機械。農用車生產由農業部管理，與傳統汽車相比，農用車稅賦較輕。

　　農用車發展初期，數以百計的農村小企業蜂擁而入，其中一些得到了地方政府的扶持。嚴格的行業監管和技術標準加速了產業整合。符合農用車新規範的企業數量從 2001 年的 204 家降至 2002 年的 120 家。市場集中度加快。前十大三輪車生產企業市場佔有率從 59.5% 增至 65%，前十大四輪車生產企業市場佔有率從 93% 增至 96%。

---

① Daniel Sperling, Zhenhong Lin, Peter Hamilton, 2005, Rural vehicles in China: appropriate policy for appropriate technology. *Transport Policy, 12* (2), March 2005, pp.105-119.

（單位：輛）

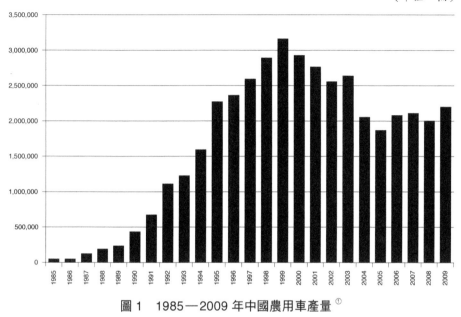

圖1　1985—2009年中國農用車產量 [1]

　　21世紀頭十年末，居住農村附近的城鎮居民收入增加，催生了新的出行需求。2007年，多個行業的公司開始生產一種乘用低速電動汽車（Wang and Kimble, 2010a）[2]。常見的低速電動汽車結構簡單，最高時速40—70公里，續航距離為80公里、100公里或150公里，成本為2萬元—4萬元（約合3100—6200美元）。低速電動汽車是中國節儉創新的一個生動案例，挖掘了金字塔底層的營銷潛力。與農用車消費人群不同，低速電動汽車消費人群主要分佈在三、四線城市以及小城鎮和鄉村。

　　低速電動汽車非常透徹地彰顯了農村地區低收入消費者的價值主張。低速電動汽車平均價格為2.5萬元（約合3900美元），比傳統的緊湊型汽

① Wang, H., Kimble, C. (2012a). The Low Speed Electric Vehicle-China's Unique Sustainable Automotive Technology?, in: *Sustainable Automotive Technologies 2012*. Springer, pp. 207-214.

② Wang, H., Kimble, C. (2012b). Business Model Innovation and the Development of the Electric Vehicle Industry in China, in: *The Greening of the Automotive Industry*. Palgrave Macmillan.

車便宜得多，後者的價格至少為 4 萬元（約合 6200 美元）。低速電動汽車的能源成本也低於小型汽油動力汽車。行駛 100 公里，電費約為 6 元（約合 0.9 美元），而汽油則為 49 元（約合 7.5 美元），約高 7 倍。此外，低速電動汽車的充電解決方案比加油簡便得多。農村家庭擁有私人停車位，可通過普通的 220 伏電源插座為鉛酸電池充電，省去了開幾公里車到加油站加油的麻煩。簡而言之，與農用車類似，低速電動汽車這款產品由消費者驅動，而非國家驅動。

　　農用車和低速電動汽車的年市場規模均超過 100 萬輛，說明二元經濟結構成效顯著，未來可期。這種二元經濟由專設的農業和工業部門組成（Lewis, 1954）①。儘管中國在 20 世紀 70 年代後期改革開放後取得了令人矚目的經濟增長，但 2018 年農村家庭人均年收入僅為 14617 元（約合 2107.3 美元），不到城鎮家庭人均年收入的三分之一（39250 元，約合 5658 美元）。根據 2019 年《中國統計年鑑》的數據，中國仍有農村人口 5.52 億人，佔中國總人口的 39.4%。農村人口購買力低，生產和消費方面的交通需求較為單一，為低成本汽車奠定了堅實的基礎，而低成本汽車是傳統汽車製造商尚未開發的巨大市場。

　　另外，與工業化汽車集群相比，中國農村低成本、低價位汽車的工業化和大量生產為新的增長理論提供了豐富的研究素材。這是一股創建本土汽車細分市場的浪潮。沒有外商直接投資的直接參與，也沒有中央政府的官方扶持。這是一種基於低收入人群的需求以及國內成熟的汽車或機械行業跨行業技術溢出而形成的一種產業化形式。農村和小城市的民眾既是這些產品的生產者，又是這些產品的消費者，從而形成了一個工業化、城市化的新經濟圈，並為二元經濟結構的動態演變作出了積極貢獻。從長遠來看，通過提高農村地區的收入水平、人力資本、技術密集度以及增加農村

---

① Lewis, A. (1954). Economic development with unlimited supplies of labor. *The Manchester School, 22* (2), pp.139-191.

地區的熟練工人，完全有可能實現經濟融合（Banerjee and Newman, 1993; Mesnard, 2001; Rapoport, 2002; Yuki, 2007）。[1]

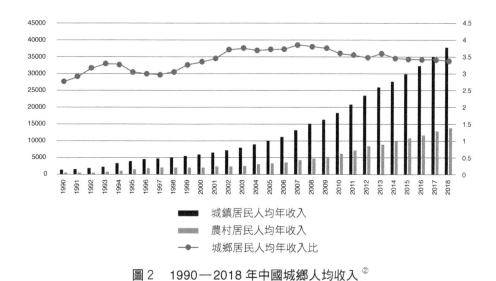

城鎮居民人均年收入
農村居民人均年收入
城鄉居民人均年收入比

圖2　1990—2018 年中國城鄉人均收入 [2]

在以二元經濟結構為特徵的轉型期經濟體，特別是在人口眾多的國家，存在兩種汽車產業。一種是針對主要生活在大城市的中產階級人口，另一種是針對農村鄉鎮人口。農用車和低速電動汽車的價格低廉、行駛成本低、使用方便，為低收入消費者提供了明確的價值選擇。

中國的市場極為龐大，足以試驗許多不同類型的技術，並將這些技術

[1] Banerjee, A. V. and Newman, A. F. (1993). Occupational choice and the process of development. *The Journal of Political Economy, 101* (2), 274-298.

Mesnard, A. (2001). Migration temporaire et mobilite intergenerationnelle. *Louvain Economic Review, 67* (1), 59-88.

Rapoport, H. (2002). Migration, credit constraints and self-employment: a simple model of occupational choice, inequality and growth. *Economics Bulletin, 15* (7), 1-5.

Yuki, K. (2007). Urbanization, informal sector, and development. *Journal of Development Economics, 84,* 76-103.

[2] 資料來源：http://www.stats.gov.cn/tjsj/ndsj/.

整合到各種不同的產品類型。農用車和低速電動汽車是技術成熟的產品。在巨大市場需求的驅動下，數百家汽車製造商爭相投入生產。激烈的競爭促使該產業走向整合，產生規模經濟和大規模生產，這是工業化的典型標誌。

與中國傳統汽車產業不同，這種工業化主要是由農村市場需求驅動的，並且由當地民營企業組織，沒有跨國公司的技術支持和資金投入。它是本土工業發展的例證。

農用車和低速電動汽車創造了數以百萬計的就業機會，並為減貧作出了貢獻。該產業涵蓋零部件供應商、生產商、經銷商和售後服務提供商的子行業。該產業還存在地理鄰近現象。這些農用車和低速電動汽車的產業集群位於農村人口眾多的省份。這些產業正在藉助地緣優勢吸納勞動力。

有趣的是，中國低速電動汽車產業還處於開拓海外市場的初期階段。外國機構買家（例如政府、警察部門、醫院、郵局和機場）購買低速電動汽車作為 "綠色解決方案"，同時還降低了成本。甚至，美國私人消費者也購買低速電動汽車作為第二或第三輛備用汽車。低速電動汽車在美銷量從 2008 年的 5000 輛增加到 2010 年的約 2 萬輛（Wang and Kimble, 2010c）。[1]

農用車和低速電動汽車的發展是中國農村工業化減貧的生動案例。政府應進一步平衡高科技驅動型工業化和覆蓋 40% 農村人口的 "低科技"（節約型技術）工業化之間的關係。針對二元經濟的二元產業政策可能在減貧方面更加有效，這將進一步扎實推動工業化。對於發展中國家，特別是人口眾多的發展中國家，中國的這種產業發展和體制環境具有重要的啟示作用。

---

[1]　Wang, H., Kimble, C. (2011) Leapfrogging to Electric Vehicles: Patterns and Scenarios for China's Automobile Industry. *International Journal of Automotive Technology and Management. 11* (4), 312-325.

| 第三章 |

辦好人民滿意的教育

一、挖掘教育紅利 [1]

人們普遍認為，中國經濟在改革開放時的迅猛增長得益於該國的人口紅利。1980 年至 2010 年期間，中國在 15—59 歲範圍內的勞動年齡人口以年均 1.8％的比率增長。這使中國形成了古代儒家學派推崇的理想人口格局，即生產者多而消費者少。這個格局保障了充足的勞動力，更優秀的人力資本，處在高位的資本投資回報率且資源能夠再分配（生產能力），也因此帶來了前所未有的高速發展。在同樣的時期裏，國內生產總值的年增長率是 10.1％。

自 2010 年以來，勞動年齡人口逐漸減少，人口撫養比拔高，這使得經濟增速放緩。一些學者建議中國能夠利用並應當利用其第二次人口紅利所帶來的優勢。然而在接受這個建議之前，我們應該首先弄清楚第二次人口紅利是什麼以及我們在哪裏可以找到它。

傳統觀點認為，第二次人口紅利是因人口撫養比下降而使得儲蓄水平到達高位的這樣一種利好情形。根據這種觀點，在老齡化社會中，如果人

---

[1] 作者：蔡昉，中國社會科學院副院長、學部委員，中國社會科學院國家高端智庫副理事長、首席專家。

們把應急儲蓄的必要性認作一種動力，並且假如有一個資金充沛的養老保險金制度，那麼處在高位的儲蓄存款利率還是可以形成的。以上就解釋了第二次人口紅利是如何形成的。

但是在勞動適齡人口的機會之窗關閉之後，僅僅依靠一個低的人口撫養比來刺激中國經濟增長是不夠的。通過讓資本投資與勞動投入互相配合，中國使自己在高增長時期免受資本回報率衰退的困擾。這就是人口紅利的精髓。因此，在勞動力供給無法做到無限制的時代，尋找阻止資本回報率衰退的方法是中國獲得再一次人口紅利時面臨的真正挑戰。

第一次人口紅利可以說算是一次短暫的有利條件，它並沒有成為一個驅動經濟增長的持久的力量。在經濟發展的靠後階段，經濟增長不能再依賴人口的總規模及其年齡結構。取而代之的是，未來的經濟增長必須依靠可以被培養並因此而得以穩定持續存在的資源。經濟理論和發展經驗表明，全要素生產率（TFP）和人力資本是最重要的可持續的增長驅動力，這兩個驅動力互為先決條件並互相支撐。

從本質上講，全要素生產率是一種分配效率，或是在恆量的情況下有效分配生產要素帶來的收益。由於生產要素分配的優劣程度取決於工人的技能熟練度和企業家精神，那麼提高全要素生產率就需要改善人力資本，這更像是一個人口優勢。大量的實證研究表明，以工人平均受教育年限衡量的人力資本不僅對經濟增長作出了直接而重大的貢獻，而且還同步通過提高全要素生產率來對經濟增長作出了間接貢獻。

除了通過在實踐中學習來提高人力資本外，教育是人力資本在總體上能夠積累的主要原因。此外，各種層次和類型的教育所奠定的基礎決定了在實踐中學習的有效性。教育的發展首先體現在教育在數量上的增加，通常以學年數來作為衡量標準。教育的發展也有其在質量方面的維度，但質量的提高是需要建立在數量的增長這一基礎上的。假如教育的質量是一個確定值，那麼受教育年限的增加就意味著人力資本的全面提高，反之則不一定成立。教育具有外在性這一特徵,這也是為什麼我們應該通過增加數量來提高教育質量。

質量是效率的一種形式。在經濟活動中,效率的提高需要通過充分的競爭和有創造性的破壞來達到,也就是說,要讓高效率的企業進入市場,讓低效率的企業退出市場。但是,與物質生產不同的是,教育不僅僅是提供生產要素的一種方式,還是實現人類全面發展目標的一種方式。因此,在教育發展的過程中只能有創造,而不應該有破壞。那麼毫無疑問,學校不能破產,這樣學生的學習過程也不能被中斷。

培養技能和人才需要教育規模的擴展。也就是說,努力增加進入勞動力市場的新人所接受的教育年限相當於同時提高教育的數量和質量。中國和其他國家的經驗表明,一旦九年制義務教育完成全覆蓋式的普及,那麼增加在義務教育階段之前和之後的時期受教育年限的機會之窗就能進一步打開,在中國,就是指學前教育和高中。

將義務教育階段延長至包括學前教育和高中教育,將在經濟和社會上帶來益處。

首先,在科技迅猛發展的時代,滿足經濟增長和社會發展需求的教育能夠產生高額的社會收益率。研究表明,學前教育的社會收益率是所有教育階段中最高的。

其次,義務教育階段對於阻止貧困的代際傳遞起到了至關重要的作用。調查表明,學前教育的差距會使得城市和農村兒童站在不平等的起跑點上,而在高中和大學兩個階段,農村青年相較於城市青年入學比例低是導致社會階層固化的根本原因。

最後,政府為這些階段的教育買單可以減輕家庭的經濟負擔並減少機會成本,以此幫助提高年輕家長的生育意願,這在低生育率時期是至關重要的。

二、教育減貧的中國實踐 [①]

貧困是人類發展的最大挑戰，智力貧困是貧困產生的深刻根源。習近平總書記在中央扶貧開發工作會議的講話中指出："治貧先治愚，扶貧先扶智。教育是阻斷貧困代際傳遞的治本之策。" 2020 年是全面建成小康社會和扶貧攻堅的收官之年，也是基本實現教育現代化的收官之年。

其實，中國的教育減貧從 1949 年新中國成立時就已經開始。當時，中國人均國內生產總值只有 49 美元，全國人口 80% 以上是文盲，農村地區文盲率接近 95%。毛澤東曾經這樣描述道："中國是一窮二白，窮就東西少，白就是文化程度不高。" 他向世界宣告："我們將以一個具有高度文化的民族出現於世界。" [②] 改變一窮二白面貌是中國共產黨和全體人民的歷史使命。

1949 年 12 月 23 日，在部分地區依然燃燒戰火的背景下，第一次全國教育工作會議召開，一場人類歷史上最為宏大、長達 70 多年的教育減貧 "大戰" 從此拉開序幕。其重視程度之高、政策密度之強、動員範圍之廣前所未有。中華全國總工會 1949 年發出《關於工會文化教育經費用途的暫行規定》，明確規定工會文化教育支出中教育費應佔 60%。1950 年，周恩來以政務院總理名義發佈的《關於開展職工業餘教育的指示》明確指出，職工業餘教育的內容以識字為主。1950 年，政務院批准《關於開展農民業餘教育的指示》，首次提出掃除文盲的對象和標準──為全球教育扶貧創立了先例。

從 1951 年起，一場由政府領導、群眾組織參與的識字運動在舉國上下全面展開。到 1953 年底，全國共掃除文盲近 408 萬人，首戰初捷。到

---

① 作者：高書國，中國教育學會副秘書長、研究員。

② 《毛澤東文集》第 5 卷，人民出版社，1996 年，第 345 頁。

1981 年，全國共掃除文盲 1.4 億人。其中，掃除職工文盲約 1000 萬人，職工中文盲減少到 5% 左右；掃除農民文盲 1.3 億人，農村青壯年中的文盲減少到 25% 左右。

1978 年至 2000 年，中國人均受教育年限從 5 年上升為 7.79 年，文盲人口從 2.4 億人下降為 9960 萬人。2000 年至 2010 年，15 歲以上文盲人口再次下降 3977 萬人，文盲發生率首次突破 5%，降至 4.88%。教育減貧取得關鍵性勝利，中國也是 6 個人口大國中唯一一個全面實現聯合國全民教育目標的發展中國家。

中國共產黨的十八大以來，中國持續深入推進精準扶貧、精準脫貧工作。2012 年 12 月 29 日，習近平總書記在河北省阜平縣考察扶貧開發工作時指出：“到 2020 年穩定實現扶貧對象不愁吃、不愁穿，保障其義務教育、基本醫療、住房，是中央確定的目標。”教育成為扶貧目標的重要指標，一場針對貧困地區、貧困人口的教育扶貧攻堅戰正式開始。

貧困地區教育發展水平落後的原因是多方面的，有經濟因素、政治因素、文化因素、傳統因素、個體因素。由於教育發展水平與機會差距，在貧困地區出現惡性循環，即政府教育投入不足—教育水平落後—教育機會短缺—勞動力素質不高—經濟發展緩慢—教育投入不足。為此，從中央到各地政府全面加大對貧困地區和貧困人群的教育投入，全社會共同支持貧困地區發展，將教育公平作為社會公平的重要手段，從單純的“輸血”轉向“造血”功能的培育和發展。

2018 年，教育扶貧工程正式啟動，這是重點對集中連片特殊困難地區的 680 個貧困縣實施的一項重大民生工程。2018 年 2 月，《深度貧困地區教育脫貧攻堅實施方案（2018—2020 年）》進一步確定：到 2020 年，深度貧困地區教育總體發展水平顯著提升，實現建檔立卡貧困人口教育基本公共服務全覆蓋。保障各教育階段建檔立卡學生從入學到畢業的全程全部資助，保障貧困家庭孩子都可以上學，不讓一個學生因家庭經濟困難而失學。

　　為解決貧困大學生上學難的問題，教育部、中國人民銀行等有關部門經過多年努力，已經建立起以獎學金、學生貸款、勤工助學和學費減免為主體的、多元的資助高等學校經濟困難學生的政策體系，學生資助工作做到各個教育階段全覆蓋、公辦民辦學校全覆蓋、家庭經濟困難學生全覆蓋，“應助盡助”，基本實現了“不讓一個學生因家庭經濟困難而失學”。全國共資助學生達到 5.2 億人次，資助經費總投入達到 8864 億元。

　　1978 年至 2019 年，全國農村貧困人口減少至 551 萬人，農村人口的貧困發生率從 30.7% 下降到 0.6%。2010 年至 2020 年間，全國農村人口人均受教育年限增長幅度快於城鎮地區，城鄉差距呈現明顯快速縮小趨勢。中國人均受教育年限從 1982 年的 5.2 年提升到 2018 年的 9.35 年。據預測，到 2035 年時，中國受高等教育人數的比例將超過 25%，人均受教育年限也將上升至 11.5 年左右。

　　要進一步解決好部分農村和貧困地區輟學率較高的問題，對輟學高發區進行重點監測，確保 2020 年全國九年義務教育鞏固率達到 95% 以上。教育部明確指出，到 2020 年各省（區、市）高中階段教育毛入學率均要達到 90% 以上。

　　教育是反貧困的重要手段，更是阻遏智力貧困代際傳遞不可替代的重要工具。教育減貧是一條將過重的人口負擔轉變為人力資源的發展道路。70 多年來，中國在掃除文盲的成功探索和偉大實踐中，形成了一套掃除文盲工作行之有效的思路、模式和方法：

　　第一，領導體制。中國共產黨和中央人民政府將教育扶貧工作確定為基本國策，由黨和政府最高領導層親自設計、組織、參與和發動，形成了科學的掃盲工作領導體制。

　　第二，制度優勢。社會主義制度是中國教育扶貧工作取得成功的巨大制度優勢。黨和政府充分發揮理論、政治、組織、制度和密切聯繫群眾的優勢，一切從人民的利益出發，人民生活全面改善。

第三，社會動員。社會動員能力是中國政府的重要戰略能力。70多年來，在黨中央、國務院領導下，動員一切可以動員的力量，舉全國之力，打贏了一場全民參與教育扶貧的人民戰爭。

第四，合作機制。中國政府真誠地與國際組織合作，虛心學習世界各國掃除文盲的成功經驗，接受聯合國教科文組織等國際組織的指導、幫助和援助，積極支持和參與國際組織的掃除文盲工作，真誠地履行一個負責任大國的國際掃盲責任。

中國人民在擺脫了經濟貧困的同時，基本消除了智力貧困。中國創新了教育扶貧的思想、理論和模式，為人類消除貧困作出巨大貢獻、提供先進經驗。

| 第四章 |

綠色減貧的成效與前景

一、能源扶貧的雙重紅利 [①]

　　黨的十八大以來，黨和國家堅決打贏脫貧攻堅戰的決心和信心，加快了中國脫貧的步伐，到 2020 年，中國將實現現行標準下農村貧困人口的全面脫貧。

　　為確保這一目標的實現，國家各部門紛紛立下戰書，通力合作，從教育、醫療、交通、就業、培訓等領域全方位進行改善。中國的扶貧模式也從先前傳統的基於農業和資源的開發式扶貧向生計替代式扶貧轉變，由救濟式扶貧轉為開發保障式扶貧，呈現出多元化的扶貧方向。

　　在所有的扶貧措施中，能源項目由於具有支持貧困地區經濟發展、提高能源普遍服務水平和減少農村環境污染等重要作用，成為目前實現貧困地區低碳減排和減貧雙目標的重要途徑。不難發現，目前中國尚未實現脫貧的人口主要聚集於西部或其他貧困山區，這些地區由於地處偏遠，加之交通不便、通信閉塞，很難實現脫貧的目標，但這些地區同時擁有得天獨厚的光照條件和水資源，對於這種情況，能源扶貧就顯得尤為重要。

　　能源扶貧是指在政府引導下，以能源企業為主的各方合力幫助貧困地區實現脫貧。目前能源扶貧的主要形式包括分佈式光伏、水電以及生物質

---

① 作者：林伯強，廈門大學中國能源政策研究院院長。

能源等。

　　一方面，中國光伏產業發展迅速，產業競爭力不斷提高；另一方面，電力缺乏、光照充足、分佈式能源成本較低的農村地區也是光伏發電的一個重要市場。在貧困地區進行光伏扶貧，可以踐行"綠色經濟"理念，改善生態環境，盡最大可能利用新能源。利用當地廉價的小水電和生物質能源，可以促進農村相關產業發展，增加農民收入。

　　中國的能源扶貧還體現在改造貧困地區農網，以配合光伏項目和水利扶貧。2018年，中國向貧困地區下達405億元的農網改造升級投資，用於推進農村電網改造升級，提高農村供電能力和供電質量。事實上，中國除西藏外的地區已實現供電區域內自然村動力電全覆蓋，有效推動貧困地區電動農業機械的應用，促進貧困村經濟發展。

　　能源扶貧不僅可滿足貧困家庭自用需求，而且有利於保護生態環境，改變了貧困居民以木柴為燃料的狀況，不僅可以減少農民砍柴勞動量，提高農民收入，而且改善了居民廚房衛生面貌，實現退耕還林，也獲得了良好的環境和經濟效益。

　　雖然扶貧取得了矚目的成績，總結一下近年來的相關能源扶貧信息，實施能源扶貧的過程中主要還存在以下幾個問題：

　　一是新能源補貼相對滯後影響了扶貧效果。能源扶貧項目通常由政府出資20%—30%作為啟動資金，其餘來源於企業墊資、融資或銀行貸款。由於項目投資回收期較長，即使採用較低利率的扶貧信貸，投資回收期還是比較長。如果投入運行的扶貧項目如村級光伏項目扶貧電站不能及時納入補貼目錄，就不能及時得到收益。當然，部分項目納入國家補助目錄，但因為申報材料信息不真實等問題，影響了補貼資金的及時撥付。

　　二是一些能源扶貧項目前期建設質量不高，且缺乏後期維護。有些偏僻貧困地區的村級電站是由村集體組織建設和運行維護的，由於缺乏專業知識和相關經驗導致後期維護不足而影響項目運行，已經出現有些項目在選址、設計、安裝及施工方面因缺乏統一標準、能源設施管理方式落後、管護技術不足、運行方式不合理等，導致部分設備運行性能不達標、運行效率低甚至停止使用等問題，不僅項目無法取得預期效果，甚至可能成為負擔。

三是貧困戶本身動力不足也會制約能源扶貧效率。如果能源扶貧方式是給予資金和物質，可能使得扶貧對象對資金和物質產生依賴，難以形成正確的致富觀，也難以學習和掌握操作技能。如果能源扶貧的對象以老年人和殘疾人為主，教育程度以及勞動投入水平等也客觀上影響了扶貧效果。而且，現實中可再生能源資源稟賦特徵與貧困戶的實際情況可能存在矛盾。可再生能源如風能、太陽能、小水電等的項目具有初始投入大、後期投入小、成本高且回收期長的特點，與貧困戶資金缺乏且要求快速見效之間存在矛盾。短時間內難以改變貧困戶的生活理念和環保認知，以及一些地方的文化封閉和青壯年勞動力外流，導致了清潔能源應用的人力資源難以保障，這些都限制了清潔能源的廣泛應用。

四是如果能源扶貧項目由政府包辦而缺乏相關利益方的參與，就會使清潔能源應用缺乏靈活機制和取得應有的效益。比如說，少數民族地區現有投入使用的清潔能源系統大多來自政府規劃的扶貧項目，的確存在教育培訓及維修指導不到位、設備維護不足等問題，使得有些清潔能源系統無專人維護而處於閒置狀態，清潔能源的效益也難以持續體現。

五是地方政府監管缺位可能造成消極扶貧。政府只採用資金資助和優惠政策的措施來激勵能源扶貧，而忽略了政府監管這一可以保障能源扶貧實效的重要環節，造成部分產業採取消極扶貧策略。另外，地方政府還可能因為重視指標改善，急功近利，支持本不應該受到支持的項目。

為實現 2020 年全面脫貧的目標，加快中國全面建成小康社會的步伐，2019 年中國在能源扶貧方面推出了以下新政策：

第一，在前期開展試點、光照條件較好的 5 萬個建檔立卡貧困村實施光伏扶貧，保障 280 萬無勞動能力建檔立卡貧困戶戶均年增收 3000 元以上。就在前不久，財政部提前下放了 2020 年 1136 億元的扶貧資金和 56.75 億元的可再生能源補貼，切實緩解由於新能源補貼相對滯後對扶貧效果的不良影響，這對於光伏扶貧、農村分佈式戶用光伏無疑是重大的利好消息。

第二，在總結試點經驗的基礎上，建設農村小水電扶貧裝機 200 萬千瓦，讓貧困地區 1 萬個建檔立卡貧困村的 100 萬貧困農戶每年穩定獲得小水電開發收益，助力貧困戶脫貧。

經過不懈的努力，貧困地區能源扶貧已經取得了顯著成績。但受制於客觀因素，中國農村能源基礎設施仍相對薄弱，能源普遍服務水平較低，清潔能源資源開發程度不高。目前，精準扶貧已經到了 "重塑魚塘生態" 的關鍵環節，應做好精準扶貧能源方案，從產業扶貧著手，加速轉變能源扶貧模式，把資源向深度貧困地區傾斜，完善能源開發收益分配機制，提高貧困戶收入，增強貧困地區的 "自我造血" 能力。全心全意做好定點扶貧工作，大力開展貧困地區電網的升級改造，因地制宜發展新能源項目，結合產業力量，發揮 "光伏 +" 的優勢，以能源扶貧為契機，尋找更多的經濟發展機會。

二、發揮中國綠色軟實力 [①]

2019 年，在北京舉行的第二屆 "一帶一路" 國際合作高峰論壇上，中方強調將切實落實建設綠色 "一帶一路" 的承諾，出台了《關於推進綠色 "一帶一路" 建設的指導意見》《"一帶一路" 生態環境保護合作規劃》等系列實施政策，確保 "一帶一路" 建設的清潔、綠色。

---

① 作者：胡敏、迭戈·蒙特羅。胡敏，綠色創新發展中心主任。迭戈·蒙特羅，綠色創新發展中心戰略顧問。

　　如何兼顧謀求發展和保護生態對於我們來說並不陌生。與 20 年前的中國一樣，改善電力供應是“一帶一路”沿線國家促進就業、開展扶貧和發展公共衛生事業的重要前提，是政策的重中之重。但這種發展的需要，可能會對緩解長期的全球氣候變化風險帶來不利影響。

　　中國在“一帶一路”倡議中大力推廣清潔能源，亞洲基礎設施投資銀行參與了多個清潔能源項目，其中包括世界最大的清潔能源項目之一的埃及本班太陽能公園。而在阿根廷，中國國家開發銀行和中國進出口銀行為建設阿根廷考查里電廠——拉丁美洲最大的太陽能發電廠，提供了 85% 的資金。

　　然而，從發展投資的角度來看，國外對環境管理的標準比中國國內更複雜、更嚴格。世界銀行的一份報告指出，中國對外投資的政策指導越來越多，但仍缺乏有關實施、監督和執行等方面的重要細節。而這只是問題的一方面，“一帶一路”夥伴國的環境、能源和氣候政策也同樣重要。

　　世界資源研究所的一份報告建議，中國的投資要符合《巴黎協定》下的國家自主貢獻方案。但上述建議只能解決部分問題。以印度尼西亞為例，即使履行了協定中關於能源發展的承諾，到 2050 年印度尼西亞煤電比例仍將增長 5 倍。總的來說，夥伴國制定的關於使用何種電器、駕駛何種汽車、建造何種建築、使用何種能源等方面的法律法規和相關政策，是影響當地能源消耗和溫室氣體排放的關鍵因素。

　　那麼，中國能夠提供什麼幫助呢？在硬實力方面，中國可以制定更嚴格的對外投資環境標準；而更重要的是，中國可以為“一帶一路”夥伴國提供資金和技術支持，分享中國在清潔能源、環境和氣候政策方面的經驗，這一方面，我們可以稱為“綠色軟實力”。

　　打贏污染防治攻堅戰，中國仍在路上。在過去幾十年裏，中國已經建立了較為完備的法律法規體系，並陸續出台了一些符合世界標準的環境保護和清潔能源使用的戰略規劃。例如，中國設立了比美國和歐盟更嚴格的發電廠污染排放標準。國際清潔交通委員會的數據顯示，中國制定的輕型車 "國六標準" 為全球最嚴格的排放標準之一。

"一帶一路" 沿線發展中國家面臨的很多問題都是中國經歷過的，可以借鑒中國的經驗。相較於發達國家，中國在環境保護和二氧化碳排放量控制上的經驗，或許更適合他們。比如，中國煤電產能過剩的問題也可能出現在 "一帶一路" 沿線的中亞國家。中國可以與夥伴國分享相關的經驗教訓。

各國政府應根據行業標準區分中國與其他 "一帶一路" 沿線國家的政策，並確定溫室氣體減排潛力最大的國家。政府之間的對話應將重心放在最有效的政策上，與礦業相關的生態保護標準、能源密集型產業能源效率、與基礎設施建設相關的綠色標準等具有普適性，可適用於 "一帶一路" 沿線國家。

中國善於制定和執行清潔能源、節能減排等綜合規劃。約旦是 "一帶一路" 框架下中國三大投資對象國之一，中國的大部分投資都流向油頁岩開發項目，這些項目均符合當地能源供給多樣化的要求。約旦擁有豐富的太陽能和風能資源，以及廉價的沙漠土地。綠色和平組織的一份報告顯示，到 2050 年，從技術可行性出發，上述資源能夠滿足當前電力總需求的 6 倍。通過切實可行的長期規劃，約旦能夠在可再生能源發電方面取得更大突破。

為實現合作共贏，我們應首要倡導政策共商與技術合作。在相關戰略框架已成功搭建的前提下，我們需要落實具體的行動，例如，"一帶一路" 沿線國家環境政策、標準溝通與銜接是中國 "一帶一路" 生態環境合作規劃 25 個重點項目之一。2019 年 4 月 25 日，在北京舉行的第二屆 "一帶一路" 國際合作高峰論壇上，中國國家發展和改革委員會、中國能源基金會、聯合國亞洲及太平洋經濟社會委員會、聯合國工業發展組織共同發起了 "一帶一路" 綠色高效製冷行動倡議，其中一項動議就是呼籲加強環境標準方面的對話與合作。這是朝著正確方向邁出的堅實的一步。

| 第五章 |

數字技術與電商助力扶貧

一、中國減貧新模式：數字技術如何助力減貧 [①]

　　數字技術日益廣泛地應用於經濟社會活動各領域，正在深刻改變現代社會的生產方式和人們的生活方式。對於發展中國家來說，在用數字技術提高效率的同時，也要防止數字鴻溝和貧富差距擴大風險，形成更具包容性的數字經濟。在中國，以數字技術為依託的電子商務、數字普惠金融和大數據精準扶貧管理等對於減少貧困發揮了積極作用。

　　其一，電子商務促進貧困人口增收和增能。中國擁有世界上增長最快的電子商務市場，約佔全球電子商務交易額的 40％以上。眾多貧困人口在電子商務的蓬勃發展中受益。例如，在政府政策支持下，全國電子商務進農村綜合示範項目幫助近 300 萬建檔立卡貧困戶實現增收。2019 年，全國 832 個貧困縣網絡零售額達 1076 億元人民幣（約合 157 億美元）。

　　電子商務平台大幅降低了小微商家連接大市場的門檻。許多在地理位置、信息獲取、發展能力等方面處於邊緣地位的農村人口通過電子商務在線展示他們的農產品和手工藝品，並找到買家，提高了產品銷量，增加了收入。其次，電子商務帶動產業鏈上下游發展，創造了就業機會，為

---

① 作者：蔣希蘅，中國國際發展知識中心副主任。

農村勞動力提供多樣化的選擇。農村網店零售業帶動中國農村就業人數逾2800萬人。此外，農村電商還惠及有養育責任的女性、老年人，為這些勞動能力較弱的貧困人口提供就業機會。阿里巴巴電商平台上的創業者男女比例接近 1：1，而整個商業領域這一比例約為 3：1。

更重要的是，電子商務能夠促進思維模式轉變，提供摸索和學習契機，激發貧困人口的創業潛能。2015 年 4 月至 2017 年 3 月，在淘寶大學網絡課堂上，來自 765 個國家級貧困縣的 112 萬名貧困縣學員學習了 559門課程。

其二，數字技術讓金融服務更普惠。融資難、融資貴一直是小微企業和貧困群體生存和發展的瓶頸。世界各國在提供普惠金融方面有很多探索，但始終面臨成本和信用兩個難題。但是，高成本和信貸缺口仍然存在，因為這是貧困人口獲得貸款的兩個主要障礙。2016 年，二十國集團（G20）峰會發佈的《二十國集團數字普惠金融高級原則》標誌著普惠金融的全球實踐正式進入數字化階段，為解決這兩項難題提供了新的解決思路。

在中國，傳統金融機構更多運用數字化手段，提高邊緣群體金融服務的可獲得性和便利性。各地金融部門有效支持糧食等大宗農副產品收購實現全程非現金結算，以非現金支付方式發放養老保險、醫療保險以及財政涉農補貼資金等，為農村人口提供極大便利。

中國首家基於雲計算的商業銀行——網商銀行，自 2015 年成立至2020 年這五年來，為全國 146 個貧困縣、超過 400 萬客戶提供無接觸貸款。2017 年，京東推出了數字農貸。數字農貸項目上線兩年後，就與山東、河北、河南等地 100 多家農民專業合作社合作，累計放款約 10 億元，逾期率和壞賬率均為零。

其三，大數據成為輔助政府精準扶貧的技術手段。大數據使貧困識別的精準度得到提高，並使公平性得以保障。2014 年，民政部開始推動各地大數據信息核對平台建設。

截至 2019 年 10 月，中國省級和地市級大數據信息平台覆蓋率已經分別達到了 96.8％和 91.9％。實際上，利用各部門大數據組網對貧困家庭進行前置性甄別正逐漸成為主流。同時，探索、利用大數據對貧困地區進行綜合分析，幫助制定有針對性的幫扶措施。大數據分析結合氣候、地貌等自然信息以及家庭人口、個人能力、經濟財務等社會信息，系統深層次地分析縣、村、戶各級的致貧原因，為扶貧到村到戶提供強有力支撐。

但是，大數據的應用水平還需要大幅提升。目前中國只有 5.9％的地市利用數據庫進行過專門的數據開發，1.8％的地市曾經向上級機關提交過基於大數據分析的決策報告。

綜合扶貧、教育、工商、民政、衛計等領域的大數據實時共享及動態比對，可以提高扶貧財政資金等公共資源利用效果。大數據還可以跟蹤和監測不同地區、機構的扶貧進度和效率。

多維度的貧困大數據信息甚至可以幫助政府選擇更加合適的扶貧項目、制定合理的貧困標準。以上海為例，大數據廣泛用於上海市年度貧困標準的認定。基於大數據的調查研究，例如《基於核對數據的最低生活保障研究》，為民政部等部門出台國家政策實施標準提供了有益幫助。

其四，大數據有助於提高扶貧資源利用效率，推動循證決策。綜合扶貧、教育、工商、民政、衛計等領域的大數據實時共享及動態比對，可提高扶貧財政資金等公共資源利用效果。

數字技術正在中國的減貧中發揮積極作用。但是，應注意，這得益於三方面條件：

第一，中國農村地區（包括大多數貧困地區）傳統和數字基礎設施的廣泛覆蓋。截至 2020 年 3 月，中國的互聯網覆蓋率達到 64.5％。行政村通光纖和通 4G 的比例均超過 98％，貧困村通寬帶比例達到 99％，廣大群眾的電腦或手機上網需求得到保障。電網、道路等傳統基礎設施建設覆蓋中國絕大多數居民點，提供了穩定的電力供應和交通運輸。

第二，政府與數字平台企業的有效合作關係，促進發展。各級政府對數字經濟發展持開放鼓勵態度，積極與數字平台企業開展合作，更好地甄別和扶助貧困人口，實現精準扶貧。

第三，數字平台企業採取了具有包容性的商業模式。通過電子商務、金融服務和與之配合的助貧扶弱公益項目，數字平台企業可以賦能貧困地區的女性、年輕人、殘疾人和小微商家。藉助數字平台，這些群體能夠對接大市場，獲得低成本發展空間，通過創業和就業擺脫貧困。

二、電商扶貧——現代農村經濟發展的助推器 [1]

自 2014 年起，商務部會同財政部、國務院扶貧辦已累計在 1231 個縣級市開展電子商務進農村綜合示範工作，覆蓋國家級貧困縣 832 個。2018 年，這 832 個國家級貧困縣的網絡零售額達 1804 億元（約合 259 億美元），同比增長 49.3%，農村電子商務創造了 3000 多萬個就業崗位，惠及 1000 多萬人，其中 300 萬人實現了增收。以甘肅省環縣為例，電子商務助力居民家庭平均收入從 2015 年的 750 元、2016 年的 1100 元、2017 年的 1560 元提高到 2018 年的 2450 元。

農村電子商務的成功離不開大型電商公司的支持。超過 800 個淘寶村如雨後春筍般湧現於省級貧困縣。以山東省曹縣為例，12 個貧困村通過創建淘寶村成功脫貧，全縣 2 萬餘人（即全縣五分之一人口）獲利於電子商務從而實現脫貧致富。拼多多是一家團購電商平台，在其平台註冊的國家級貧困縣商戶數量有 14 萬家，年訂單總額達 162 億元，創造就業崗位30 多萬個。此外，商務部在指導電商扶貧方面也發揮了重要作用。2017

---

① 作者：洪勇，商務部研究院電子商務研究所副研究員。

年，商務部開通電商扶貧頻道匯總信息平台，集中反映電商扶貧的最新情況。

近年來，儘管中國農村電子商務發展迅速，但仍處於起步階段，未來還有較大的發展空間。

加快農村電子商務發展，首先要提高電商扶貧的精準和實效。在一些農村電商試點項目中，存在低收入家庭目標定位不準確、資金配置不合理、應對措施缺乏針對性等問題。例如，不同地區的自然條件、經濟發展水平和物流成本不同，會導致農村電子商務區域發展不平衡。然而在財政專項資金的使用過程中，卻未能充分考慮不同區域的差異性，採取平均分配資金的方式。一些縣級電子商務監管部門對項目缺乏整體規劃，不敢使用資金或缺乏必要的專業技能，從而使得專項資金執行進度緩慢。

其次，要堅決清除形式主義和官僚主義。部分縣級電子商務公共服務中心長期閒置，只有在上級檢查時才開放使用；物流配送中心的部分倉庫距離太遠，無法充分利用網絡效應，從而被閒置；某些地區盲目提高村級服務中心的高覆蓋率，導致資源配置過剩，供過於求。

再次，要解決農村電子商務人才短缺的問題。農村缺乏電子商務營銷、運營和設計等領域的專業人才，農村常住人口主要為老人和留守兒童，該群體對於學習使用互聯網不感興趣。並且，由於電商培訓佔用了村民的農務時間，他們不願意參加。培訓內容和方式往往“一刀切”，無法滿足村民多樣化的學習需求。培訓課程重理論輕實踐，某些電商培訓中心局限於教授如何開設網店、發佈通知、接受訂單等基礎技能，缺乏對產品設計、推廣、運營、平面設計、客戶關係管理、倉庫管理等專業技能的全面培訓。由於課程不夠接地氣，學員很難將所學知識應用到網絡創業中去。

加快推動鄉村振興和脫貧致富，關鍵要培育具有競爭優勢的產業，創新縣級電子商務發展模式，拓寬農村電子商務發展渠道。一是整合線上零售和批發平台，包括一畝田、中農網、農融網等 B2B 商品交易平台，阿里巴巴、美菜網等農產品批發平台，本來生活網、易果網等垂直生鮮電商平台，以及其他農產品電商平台。二是將農村電子商務融入跨境產業鏈，把優質農產品銷往國外，參與全球市場競爭，為世界各地提供淡季產品，並推動產品差異化和轉型升級。三是利用微信、微博、今日頭條、抖音、快手等社交媒體，助力農村電子商務發展。藉助網絡鄉村引流，講好故事，打好網紅牌。為電商平台和貧困縣創造合作機會，比如，電商平台幫助有發展潛力的農村企業家開發產品、推廣品牌和開展培訓，使雙方達成長期合作。

三、電商扶貧大有可為 [①]

電商扶貧把先進互聯網技術與最貧困的地區和人群結合起來，創造性地採取了一系列行之有效的幫扶措施，助力脫貧攻堅，銜接鄉村振興。數據顯示，2019 年底全國貧困縣實現網絡零售額 2392 億元人民幣，同比增長 33%，帶動貧困地區約 500 萬農民就業增收。

第一，完善交通、互聯網、電力、物流、倉儲電商基礎設施。截至 2020 年 6 月，全國具備條件的鄉鎮和建制村 100% 通硬化路，貧困村通光纖比例從 2017 年的不足 70% 提升到 98%，有 96.6% 的鄉鎮設立了快遞服務網點，832 個國家級貧困縣全部建立電子商務服務中心，實現貧困地區縣、鄉、村三級農村電商管理與物流配送網絡全覆蓋。

第二，發展特色扶貧產品。貧困地區因地制宜發展特色產品，如陝西柞水木耳、甘肅禮縣蘋果、雲南西盟山林百花蜜等；加強農產品質量安全檢驗檢測，制定產地認證、質量追溯、冷藏保鮮、分等分級、產品包裝、

---

① 作者：章文光，北京師範大學政府管理學院院長、農村治理研究中心主任。

冷鏈物流等環節標準；開展"名特優新""三品一標""一村一品"等農產品認證，實施電商扶貧產品的標準化、規模化、品牌化。

第三，健全服務支持體系。一是基層扶貧隊伍帶動，通過組織貧困人口參與電商扶貧，讓貧困戶了解並分享技術進步帶來的紅利；二是銀行和支付平台在小額信貸、支付方式等方面加大支持力度，為電商扶貧發展提供動力；三是電商扶貧協會等社會組織發展，為貧困戶提供電商產品集貨、分級包裝、品牌營銷、物流配送、售後保障等規範化服務，支持電商扶貧行穩致遠。

第四，搭建企業合作平台。國務院扶貧辦通過簽訂扶貧戰略合作協議、政策鼓勵支持等方式，把京東、蘇寧、阿里巴巴、拼多多、供銷E家、郵樂購、樂村淘等一大批電商銷售平台與貧困地區生產者聯結起來。2020年"618"促銷活動，京東開場一小時內農產品成交額同比增長超17倍，淘寶和天貓有超過120萬貧困縣賣家入駐。雲南省祥雲縣依託雲南郵政打通洋芋銷售"最後一公里"，解決了因新冠肺炎疫情造成的農產品滯銷難題。

第五，賦能農村創業主體。預計2020年底，全國電商知識技能培訓將超過1000萬人次，培養農村青年電商高端人才100萬名以上，基本實現每個貧困村至少有一名電商扶貧人才。積極鼓勵貧困地區高校畢業生返鄉創業，大力支持貧困村青年、婦女、殘疾人依託電子商務就業創業。開展"巾幗脫貧行動"，扶持貧困婦女參加電商培訓，有122萬婦女學習了相關技能，在全國創建了636個"全國巾幗脫貧示範基地"。

第六，構築扶貧"大格局"。中國精準扶貧是政府、社會、市場協同推進的扶貧"大格局"。通過"東西協作"，實現東部地區市場、技術優勢與貧困地區勞動力、資源、土地優勢互補。通過"希望工程""光彩事業"等項目，推動社會多方力量參與扶貧，撬動社會資源支持脫貧攻堅事業。通過"定點幫扶"，加大對貧困地區資源支持力度，2020年上半年中央企業開展消費扶貧專項行動，集中購買受新冠肺炎疫情影響嚴重的 178 個縣 1800 多種滯銷農產品 9.27 億元，減少疫情對貧困地區的不利影響。

電商扶貧不僅推動貧困地區發展、提高貧困群眾收入，更為脫貧攻堅、產業興旺和鄉村發展打開了新局面。

為脫貧攻堅按下 "加速鍵"。電商扶貧擺脫了地理位置偏遠、交通條件不便等對農產品銷售的束縛，讓優質農產品 "山裏人賣得出，城裏人買得到"，在促進貧困地區產業發展、實現貧困戶就業增收方面的減貧帶貧效果顯著。面對新冠肺炎疫情的挑戰，電商扶貧解了貧困戶燃眉之急，緩解了農產品滯銷風險，2020 年 "618" 促銷活動期間銷售數據再創新高。以電商扶貧為代表的農村數字經濟已經成為 "三農" 發展新動能，為貧困縣如期實現脫貧摘帽提供有力保障。

為產業興旺搭起 "致富橋"。電商扶貧通過整合產、供、銷、購等資源要素，動員社會力量參與脫貧攻堅，是打贏脫貧攻堅戰的 "有力武器"。一方面，打通農產品上行通道，使貧困地區農產品直接融入市場經濟產業鏈和國際國內供應鏈；另一方面，改變傳統農產品生產銷售方式，賦能龍頭企業、合作社、個體戶等市場主體，形成更加穩定的利益聯結機制，為全面建成小康社會後實現農村產業興旺打下堅實基礎。

為農村發展注入 "新活力"。精準扶貧注重扶貧與扶志扶智相結合，從單純地給錢給物轉變為物質扶貧與技術扶貧、教育扶貧相結合。電商扶貧充分調動貧困戶積極性，激發內生動力，培養了數以百萬的新型農民，吸引大批人才返鄉創業，"數字成為新農資，手機成為新農具，直播成為新農活"。

當今世界面臨百年未有之大變局，中國人民順應時代潮流，在危機中育新機、於變局中開新局，創造性地採取電商扶貧舉措，為世界減貧事業提供了中國智慧、中國方案。

首先，中國擁有堅強領導核心。中國共產黨的領導是中國脫貧攻堅取得成功的根本保證。只有中國共產黨才能帶領一個 14 億人口的大國，在 40 年間實現 8 億人脫離貧困，開人類歷史之先河，為世界減貧作出巨大貢獻。脫貧攻堅目標之高遠、任務之艱巨、時間之緊迫前所未有，全國各族人民在黨的集中統一領導下，採取有效措施統籌人力物力，調動各方資源，創新探索，攻堅克難，彰顯了巨大政治優勢。

其次，堅持精準扶貧基本方略。電商扶貧嚴格落實 "六個精準" 要求，是精準扶貧基本方略在實踐中的具體體現。第一，電商扶貧措施精準，各級電商主管部門結合電商扶貧新業態的特點，因地制宜發展電商扶貧產業鏈，將精準帶動貧困戶就業增收作為電商扶貧出發點，不片面追求規模，注重幫扶質量。第二，電商扶貧責任精準，各級電商主管部門注重考核，發揮績效評價指揮棒作用，壓實主體責任，嚴格落實資金和項目管理制度，提高資金分配和使用效果。第三，電商扶貧成效精準，各級電商主管部門依託商務部鄉村站點監測管理系統，指導電子商務示範縣加強部門數據和信息共享，統一統計電商扶貧在帶動扶貧增收、產品銷售、就業創業、品牌培育等各個方面的成效數據，開展試點、推廣、普及的漸進發展之路，精準發揮扶貧效果。

同時，發揮中國特色社會主義制度優勢。充分發揮社會主義制度集中力量辦大事的優勢，在中國深度貧困地區持續開展基礎設施和公共服務 "補短板、強弱項"，為電商扶貧發展夯實基礎。調動全社會力量共同參與脫貧攻堅，形成扶貧 "大格局"，東西部產業優勢互補，上下同心同行，把扶貧與扶志扶智相結合，開發式扶貧與保障性扶貧相統籌，為電商扶貧發展提供歷史性機遇。運用整體思維完善脫貧攻堅頂層設計，把脫貧攻堅工作納入全面的戰略佈局，開闢出一條中國特色的脫貧攻堅道路。

四、"淘寶村" 可為非洲借鑒 ①

走進肯尼亞的城鎮或村莊，隨處可看到小棚房和裝潢精美的商店上寫著 "Mpesa"。Mpesa 是由肯尼亞及坦桑尼亞電信運營商 Safaricom 推出的移動銀行服務，相當於中國的微信支付和支付寶、緬甸的 Wave Money 和美國的 Apple Pay。Mpesa 創立於 2007 年，幾年後移動支付才在中國開始普及。Mpesa 主要通過短信和在線服務開展業務，並已使約 18.6 萬戶家庭（佔肯尼亞家庭總數的 2%）擺脫貧困。Mpesa 還大大提升了肯尼亞女性的地位。如果某個家庭有一定流動資金，婦女就有機會脫離農業生產，從事商業活動。

在減貧方面，中國已經有了相當於 Mpesa 的在線版本——淘寶村。2019 年，世界銀行和阿里研究院聯合發佈的一項報告稱，自 2015 年以來，這些村莊幫助了成千上萬的中國農民脫困致富。其中，女性受益最大。根據阿里研究院提供的數據，在電子商務領域，企業家（網店店主）的男女比例大致相等，而傳統企業中男女企業家的比例為 3：1。但是這些村莊的運營模式是什麼？肯尼亞乃至整個非洲大陸是否可借鑒這種模式？

淘寶村是指 "活躍網店數量達到當地家庭戶數 10% 以上、電子商務年交易額達到 1000 萬元以上的村莊"，堪稱電子商務巨頭阿里巴巴的創新之舉，旨在使農民藉助網店業務擺脫貧困。2016 年，即淘寶村啟動兩年後，由國務院扶貧開發領導小組辦公室等部門聯合出台了《關於促進電商精準扶貧的指導意見》。該意見要求，到 2020 年在貧困村建設 "電商扶貧站點" 6 萬個以上，貧困縣農村電商年銷售額比 2016 年翻兩番以上。

阿里巴巴的農村淘寶計劃實際上起到了拋磚引玉的示範作用，其他電商公司紛紛效仿並按政府規定擴大規模。作為中國精準扶貧戰略的一部

---

① 作者：利婭·林奇，睿納新國際諮詢公司副總監。

分，地方政府扶持開設電子商務和服裝生產培訓班，提供了低息貸款，並鼓勵成功的企業家優先考慮僱用貧困農民。青年企業家在中國農村電子商務發展進程中也發揮了舉足輕重的作用。政府最新政策，鼓勵超過 13 萬名應屆畢業生返回家鄉，並針對各種項目開設網店、提供相應服務，帶領親朋好友共同創業。

在中國，電子商務或數字貿易已經成為促進貿易、創造就業、增加收入和減少貧困的強有力工具。在非洲，也是如此。然而，儘管一些非洲國家在移動支付領域處於領先地位，非洲在電子商務方面仍然非常落後。在中國，電商市場是由兩家大型科技巨頭主導的。而在非洲，電商企業眾多，還有大量初創企業，電商企業遍佈非洲 23 個國家，數量約為 264 家。非洲最大、資金最雄厚的電子商務平台 Jumia 仍未實現盈利，銷售分佈仍然非常不平衡。2017 年，在肯尼亞、南非和尼日利亞三個國家的消費者數量超過非洲消費者總數一半。

但是，電子商務仍然潛力巨大，前景可期。

非洲青年人口增長率全球最高，就業崗位稀缺，而且需求極為迫切。根據非洲開發銀行的數據，非洲大陸近 4.2 億 15—35 歲的青年人中，失業率高達三分之一。這些青年人對手機的使用非常嫻熟，而手機正是最流行的網上購物工具。據世界銀行報告，非洲有 6.5 億移動用戶，超過了美國或歐洲的移動用戶數量。在一些非洲國家，手機使用普及率甚至超過了清潔水源、銀行賬戶或電力。非洲的中產階級也不斷壯大，高達 3.3 億人，集中在埃及、尼日利亞、南非、阿爾及利亞和摩洛哥，他們有強烈的消費慾望。越來越多的非洲製造品牌和產品在非洲大陸（包括較大的老牌市場以及盧旺達、塞內加爾和埃塞俄比亞等新興市場）生產。從時尚產品到護膚產品，非洲產品備受推崇和期待。

這一切都預示著非洲數字貿易領域的巨大增長機會，而新冠肺炎疫情大流行為包容性電子商務及相關數字解決方案、工具和服務蓬勃發展提供了千載難逢的機遇。

以我在中國和非洲的工作和生活經歷，我很清楚，想要在非洲沿襲中國的模式絕非易事。

首先，非洲由 50 多個國家組成，各國政策、市場規模、消費者特點、語言和其他差異使得協調和物流障礙重重，難以實現規模經濟。

事實上，非洲的重心大多放在引入技術和搭建平台。這兩者相對容易，而關鍵是建設基礎設施，如公路、鐵路、機場、互聯網門戶等。因此，在非洲，各電商公司常常陷入困境，很難與基礎設施相當完善的海外廉價商品競爭。

非洲面臨的第一個挑戰是物流。可以設想一下，如果物流更為通暢便捷，整個非洲的賣家生態系統勢必會充滿生機、豐富多元。如果藉助資金和貸款，對城鎮中的眾多中小企業進行電子商務和產品營銷方面的培訓，很可能達到與淘寶村極為相似的積極效果。非洲村莊完全可以建立自己的電子商務中心。非洲擁有龐大的、受教育程度越來越高的青年人口，政府扶持、鼓勵青年企業家在農村地區建立電子商務中心的計劃可以充分利用這些人才。

第二個挑戰是基本的 "工作方式"，其阻礙了電子商務在整個非洲大陸的蓬勃發展。

例如，在中國有 54％的人使用移動支付進行網上購物。然而，由於對產品和快遞缺乏信任，90％ 的非洲人口採用的購買方式是貨到付款而非移動支付。在農村地區，如果快遞人員只負責送貨不負責收款，這對於電商公司來說尤其麻煩，而且成本高昂。由於地址和郵政系統不夠完善，這方面的挑戰長期存在。快遞員要花大量時間才能找到網購客戶，成本太大，尤其是在農村地區。

儘管客戶熟悉像 Mpesa 這樣的移動支付服務，但這些系統的開發是為了提供包容性商務，而不是像在中國那樣建立信任，提供便利。只有

10％—15％的非洲人口使用銀行賬戶。因此，大多數非洲在線零售商店和服務要求客戶有銀行賬戶或與之關聯的付款服務，這無疑限制了客戶群體。

面對物流和"工作方式"這兩個挑戰，非洲的電子商務能否像中國一樣，在非洲減貧中發揮作用？

我認為，答案是肯定的，尤其是著眼於解決這兩個重大挑戰。我們還認為，中國（和其他國家）可以通過兩種具體方式在這方面提供幫助。

首先，扶持非洲本地電子商務公司，而不是與之競爭。一直以來阿里巴巴都對非洲市場非常感興趣。對本地企業家提供扶持，並在淘寶和天貓上出售一些非洲特產，如盧旺達咖啡豆。在新冠肺炎疫情期間，阿里巴巴與埃塞俄比亞航空公司建立了新的合作夥伴關係，為捐贈的醫療設備提供跨境物流。這些關係可以使阿里巴巴在非洲大陸快速發展，但這也會使非洲本土的電商企業不斷退出市場。因此，阿里巴巴、亞馬遜等合作夥伴應對現有的非洲電子商務平台進行投資，並提升其擴大市場範圍的能力，而不是自己佔領市場。

其次，了解非洲各國政府和私營部門的需求。中國的成功得益於對電商企業進行投資，使企業得以發展壯大。儘管非洲初創科技企業的股權融資迅速增長（2018 年達到 11.6 億美元），但流入非洲的外國直接投資總額有限，僅佔全球總額的 3.5％。非洲中產階級消費市場不斷增長，非洲的數字貿易也隨之增長，新冠肺炎疫情暴發後，提供了獨特的投資機會。非洲各國政府為遏制新冠病毒在整個非洲的傳播而採取的措施表明，他們願意採取迅速行動，保障人民群眾的安全健康。鑒於上述理由，目前投資非洲恰逢其時。電子商務是一個絕佳的機會，電子商務同樣可以創造就業機會並減少貧困。"淘寶村"在這方面堪稱典範。

希望在不久的將來，肯尼亞的城市和村莊不只 Mpesa 一家，而是百花齊放，共創繁榮。

III

第三篇

共同
事業

中國脫貧與全球發展
的相互關係

| 第一章 |

中國為世界脫貧注入 "授人以漁" 的可持續動力

一、人權與務實 [1]

大部分宣揚人權的人都出身於富裕的社會,他們根本不了解窮人有著更基本、更重要的需求。他們總是強調投票權如何重要,但是,如果人們連飯都吃不飽,擁有投票權又有什麼意義呢?

因此,倡導人權首先應實現五項基本權利:一是生命安全權;二是溫飽權;三是基本醫療保障權;四是受教育權;五是能夠獲得收入並養家餬口的工作權。如果這五項權利不能得到保障,那麼其他的人權也注定淪為空談。

這五項權利是最基本的。理解這一點,對於世界其他國家正確認識中國近年來的故事非常重要。過去 40 年,中國比世界上任何國家、比人類歷史上任何時期都更快速、更全面地保障了其公民的這五項基本權利。

這一成就之所以更為卓越,是因為從 1840 年鴉片戰爭到 1949 年中華人民共和國成立前,在長達一個世紀的時間裏,中國人民遭受了巨大的痛苦。那段時期的中國人飽受外敵侵略、內戰和饑荒,醫療物資匱乏,教育資源奇缺,面臨大量失業。要想了解中國人民取得的成就有多大,首先要

---

[1] 作者:馬凱碩,新加坡國立大學教授,新加坡前駐聯合國大使。

看看他們之前的生存條件有多麼艱苦。

在此前相當長的一段時間裏，中國農民的生活條件一直沒有得到改善，絕大多數中國農民過著非常艱苦的生活。人們沒有足夠的口糧，也匱乏教育和醫療資源。人均壽命極低。透過一些統計數據，中國發展速度之快一目了然。在 1980 年，中國農村貧困人口比例接近 100%。而到了 36 年後的 2016 年，農村貧困發生率降低了 95.5%，僅為 4.5%。

把目光從農村擴大到整個中國，減貧成就同樣令人矚目。1980 年，中國 90% 以上的人口（9.81 億人）每天的生活費不足 3.2 美元。到 2016 年，這一比例已下降到 5.4%，下降幅度頗為明顯。

中國的減貧成就在整個人類發展史上絕無僅有，對全世界來說頗為重要，其中一個重要原因是，即使是當今的 2020 年，廣大亞非拉地區仍有許多人生活在貧困線以下。其中，南亞貧困人口佔比為 53.9%，東亞為 12.5%，撒哈拉以南非洲為 68.1%，拉丁美洲為 10.4%。

全球赤貧人口總數高達 20 億人，佔世界人口的 26.4%。對於這些地區，中國減貧經驗具有借鑒意義。我們需要為這 20 億人做的最重要的事情就是幫助他們擺脫貧困。

直到最近，仍有許多經濟學家認為消除貧困是一項不可能完成的任務。但中國用事實告訴我們，情況並非如此，徹底消除貧困是完全可以做到的。

這就是我們要把中國的故事傳播到世界每一個角落的原因。那麼，問題來了，中國是如何成功完成這一看似“不可能完成”的任務的呢？答案其實很簡單：中國在國內和國際層面採取了一些正確的政策，實現減貧目標。

在國內方面，當我還是新加坡國立大學李光耀公共政策學院院長時，我就教導我的學生們，國家要想成功，就必須遵循神奇的 MPH 公式。

在這裏，MPH 並非指每小時英里數。MPH 是指三個治國準則：任人唯賢（meritocracy）、求真務實（pragmatism）和誠實正派（honesty）。

M 代表"任人唯賢"。中國一直實行"任人唯賢"的人才任用原則。任人唯賢，意味著中國政府能夠選拔最優秀的人在其眾多機構中工作，提高治理能力。治理能力提高了，才能制定出改善人民生活的正確政策。

P 代表"求真務實"。關於求真務實，最好的定義就是已故中國領導人鄧小平的那句名言："不管黑貓白貓，抓到老鼠就是好貓。"

中國善於從世界各地的最佳政策和實踐中汲取營養，並結合自身實際貫徹執行。這種務實作風值得各國學習，用來解決世界上的諸多問題。

H 代表"誠實正派"。歸根結底，歷史告訴我們，要想成為繁榮昌盛的國家，必須有效打擊腐敗，確保國家資源用於民生福祉，杜絕中飽私囊等官場醜惡現象。

在國際方面，中國堅持正確的政策導向，積極融入以自由規則為基礎的國際秩序。如果能夠在全世界推廣中國減貧經驗，我們就有望實現有史以來人類境況的最大改善。

二、精準扶貧：中國扶貧之路及其全球性影響 [①]

消除貧困是聯合國《2030 年可持續發展議程》的首要目標，也是最艱巨的發展挑戰。2019 年，諾貝爾經濟學獎授予三位發展經濟學家，以表彰他們通過實驗性方法在緩解全球貧困研究領域作出的突出理論貢獻。中國創造了人類歷史上規模最大的減貧奇跡。1981 年至 2015 年，中國絕對貧困人口減少了 8.74 億人（根據世界銀行貧困線標準每人每天 1.9 美元），佔同期全球減貧人數（11.73 億人）的 74.5%。中國為全球減貧事業作出了巨大貢獻。中國的扶貧戰略，特別是精準扶貧的實踐和理論，對世

---

① 作者：胡鞍鋼，清華大學國情研究院院長、清華大學公共管理學院教授。

界具有重要意義。

2020 年，中國結束了已延續數千年的絕對貧困，全面建成小康社會，消除絕對貧困，提前 10 年率先實現聯合國可持續發展目標。

中國的扶貧之路為全球貧困治理提供了中國智慧。2013 年，習近平主席首次提出"精準扶貧"理論，成為解決貧困問題的根本戰略。精準扶貧理論主要包括"六個精準"，即扶貧對象精準、項目安排精準、資金使用精準、措施到戶精準、因村派人（第一書記）精準、脫貧成效精準。同時，精準扶貧要求落實"五個一批"，即發展生產脫貧一批、易地搬遷脫貧一批、生態補償脫貧一批、發展教育脫貧一批、社會保障兜底一批。精準扶貧是中國現有貧困人口全部脫貧的有效戰略，也是扶貧理論和實踐的重大創新。

中國精準扶貧仍面臨重大挑戰。首先，貧困成因複雜，積重難返，脫貧困難。其次，扶貧過程中存在"坐等幫扶""望窮卻步"等問題。主觀因素可能會阻礙減貧進度。最後，即使徹底消除了絕對貧困，仍然會存在相對貧困和返貧現象，需要培養窮困人口的"自我造血"能力。消除絕對貧困是脫貧攻堅戰的"最後堡壘"，直接關係到扶貧的質量和效果。面對造成貧困的各種主觀和客觀原因，中國必須深入推進精準扶貧戰略。

中國應繼續實行精準扶貧，並在未來不斷完善扶貧措施。成功的扶貧需要"天時地利人和"，其中最重要的方面是"人和"，依託人民群眾的力量。推進精準扶貧，應注意以下幾點：

第一，授人以魚，不如授人以漁。扶貧不能一味依賴"送錢"。必須改變舊的、過時的生產方式和經營方式，推廣新技術、新項目、新想法。

第二，扶貧應為貧困人口提供基本保障。應該建立更完善的保障機制，以提高窮人的容錯率，減少其風險規避心態，使他們敢於嘗試。

第三，扶貧路上"手拉手"。扶貧開發過程中存在各種不可預見的問題。必須提供充分的指導和及時的解決辦法，確保成功減貧。

第四，"扶貧先扶志"。扶貧工作需要幫助貧困群眾樹立起擺脫困境的鬥志和勇氣。應該從貧困群眾自身的角度，對其困難和心境有更深入的認識。

第五，必須引入科學的扶貧措施，如承諾機制、監督機制、提醒制度等。事實證明，這些措施在幫助他們追求長遠利益、抵禦眼前誘惑、提高參與率、減少扶貧項目退出率等方面是行之有效的。

作為一個擁有 14 億人口的泱泱大國，中國是全球減貧事業最重要的"試驗田"。中國從一個貧困國家起步，現在已成為世界上最大的經濟體（按購買力平價計算），並將全面建成小康社會。中國扶貧的成功向世界提供了全球貧困治理的中國榜樣、中國經驗和中國戰略。

| 第二章 |

國際減貧合作與交流

一、"一帶一路" 助推非洲擺脫貧困 [①]

消除貧困是聯合國《2030 年可持續發展議程》的首要目標。目前，全球大約有 7 億極端貧困人口，其中一半以上生活在撒哈拉以南非洲。在世界最貧困的 20 個國家中，有 16 個來自非洲。西方國家曾長期向非洲國家提供援助和減免債務，但撒哈拉以南非洲的極端貧困人口卻從 1990 年的 2.9 億人上升到 2010 年的 4.14 億人。正如《無用的援助》一書中所說，西方國家援助和減債更多是為了體現它們的 "寬宏大量"，卻沒有提升非洲國家自身解決貧困問題的能力。

與非洲類似，中國也曾有數量龐大的貧困人口，其中大部分聚集在農村。通過修建水壩、灌溉、公路等基礎設施，中國農村得到了巨大改善。1994 年至 2000 年間，中國平均每年修建約 4.2 萬公里的農村公路，推動當地農產品和剩餘勞動力的自由流動。經濟開發區吸引了很多勞動密集型產業，創造了大量就業機會，最大限度地發揮中國的人口紅利。

中國的脫貧經驗受到了包括非洲國家在內的國際社會的廣泛關注。2016 年，"非洲晴雨表" 一份關於非洲人如何看待中國影響力的調查顯

---

① 作者：沈陳，中國社會科學院世界經濟與政治研究所助理研究員。

示，中國發展模式的受歡迎程度為 24%，大約三分之二的非洲人認為中國的影響力是"或多或少積極的"或"非常積極的"。習近平主席提出的"一帶一路"倡議得到了非洲國家的支持和響應，截至 2020 年 6 月，已有 43 個非洲國家簽署了"一帶一路"相關合作協議。

受新冠肺炎疫情影響，非洲國家的防疫成本和衛生開支大大增加，非洲各國正努力恢復經濟、保障就業，避免部分人口返貧或加劇貧困。習近平主席在中非團結抗疫特別峰會上提出，中非應加強共建"一帶一路"合作，加快落實中非合作論壇北京峰會成果，並將合作重點向健康衛生、復工復產、改善民生領域傾斜。"一帶一路"倡議有利於中非在經貿融資、產業轉移、技術交流等方面的合作，推動中非合作的轉型升級。

基礎設施不足是制約非洲發展的最大瓶頸。例如，電荒是非洲普遍存在的問題，過去曾出現過某跨國企業向非洲捐贈上千台筆記本電腦，卻發現當地沒法給筆記本電池充電的情況。對於依賴電力的工業企業來說，電荒會嚴重阻礙非洲的工業化進程。在運輸方面，非洲國家極度依賴公路交通，鐵路運力則較為有限，因此城際鐵路運輸費用非常昂貴。城際鐵路運力的嚴重不足限制了當地企業的生產力，難以達到生產的預期目標。在通信方面，非洲電子通信的計費方式也相對落後。

改善非洲基礎設施一直是中非合作的重點。20 世紀六七十年代，中國耗資 4.5 億美元修建全長 1860 公里的坦贊鐵路。"一帶一路"倡議提出以後，中國更加重視非洲鐵路、公路、航空、港口、電力和電信的建設，推動非洲地區的互聯互通。據美國布魯金斯學會數據，中國對非基礎設施投資年均約 100 億美元，佔非洲所有基礎設施項目外來資金的三分之一。2016 年 10 月，埃塞俄比亞首都亞的斯亞貝巴至吉布提的鐵路正式通車。次年 5 月，連接肯尼亞首都內羅畢和東非最大港口蒙巴薩的蒙內鐵路也全線開通。亞吉鐵路、蒙內鐵路是"一帶一路"在非洲的"旗艦項目"，這些項目使當地的基礎設施建設實現公路、港口、鐵路的全面配套，創造了大量的就業機會，並帶動沿線工業園區、旅遊業和房地產的投資。

在過去很長一段時間，西方媒體將中非經濟合作看作是政策性銀行、基礎設施和自然資源的組合。具體來說，中國政策性銀行與非洲國家簽署了一筆擔保協議，以非洲國家的自然資源為擔保獲得一筆優惠貸款，再用優惠貸款在非洲國家興建基礎設施。該模式曾被西方媒體認為是為了滿足中國國內的資源能源需求。但如今，中非經濟合作的融資選擇大大增加，政策性銀行的作用減弱。同時，中國國有企業和民營企業共同構成投資的主體，尤其是民營企業已經成為中非經濟合作的重要增長點。

2017 年，麥肯錫一份名為《下一個世界工廠：中國投資如何重塑非洲》的研究報告中，詳細描述了中國企業在非洲的投資浪潮。2017 年有超過 1 萬家中國企業在非洲運營，主要集中在尼日利亞、贊比亞、坦桑尼亞和埃塞俄比亞等國。這些企業有約三分之一屬於製造業，絕大多數是小微企業。根據美國傳統基金會的研究，中國對非投資組合已經呈現出多元化趨勢，除了礦產資源、基礎設施等傳統優勢項目，還包括房地產、銀行、金融、保險、物流和零售等不同行業的投資。"一帶一路"倡議實施以來，中國對非洲國內生產總值增長的貢獻率每年都在 5% 以上。此外，還出現了一批了解非洲、扎根非洲的中國商人和技術人員，這些人才已成為中非經貿可持續發展的寶貴資源，有利於向非洲進行各領域的技術轉移。

普惠是一種以人為本的發展理念，包括人與人、人與自然、人與社會的全面發展，涉及人類發展指數、綠色發展指數、社會福利指數、幸福指數等多個評價標準。習近平主席指出："要積極引導經濟全球化發展方向，著力解決公平公正問題，讓經濟全球化進程更有活力、更加包容、更可持續，增強廣大民眾參與感、獲得感、幸福感。"在 2017 年 5 月舉行的"一帶一路"國際合作論壇上，習近平宣佈中國將向沿線發展中國家提供 20 億元人民幣（約合 2.92 億美元）緊急糧食援助，向南南合作援助基金增資 10 億美元，在沿線國家實施 100 個 "幸福家園"、100 個 "愛心助困"、100 個 "康復助醫" 等項目。在發達國家紛紛陷入 "援助疲勞" 的情況下，中國與其他發展中國家團結互助，這有利於解非洲等發展中地區的燃眉之急。

普惠發展致力於減少貧困人口和促進社會公平，但並不完全等於向弱勢群體提供慈善救助。除了維持基本生存需求的人道主義援助，普惠發展絕大部分通過貿易、金融和技術培訓等方式展開。2015 年以來，中國已為非洲提供了 3 萬個政府獎學金的名額，並培訓了 20 萬名各類職業技術人員，幫助非洲國家提升勞動力素質。2019 年世界銀行發佈《"一帶一路" 經濟學：交通走廊發展機遇與風險》報告，該報告提出 "一帶一路" 倡議的全面實施可幫助 3200 萬人擺脫中度貧困，全球和 "一帶一路" 沿線的貿易額增幅將分別達到 6.2% 和 9.7%，沿線發展中國家的外國直接投資增幅將達到 7.6%。推動普惠貿易、普惠金融、普惠教育，提升發展中國家的自主生產能力，促進非洲的工業化和出口貿易，避免因援助依賴帶來永久貧困。

2004 年，時任英國首相的布萊爾組建非洲委員會時曾說："提到非洲，總是給人一種荒涼的感覺。我曾在許多場合說過，我認為非洲是整個世界良知上的一塊傷疤。" 事實上，非洲大陸本身並不貧瘠，這裏擁有世界 40% 的自然資源儲備、60% 未開墾的土地和 10 億日益增加的勞動力。非洲沒有理由繼續貧困下去，非洲人民可以用自己的雙手來創造財富。換言之，非洲需要的不是同情和援助，而是全球的團結與合作。這正是 "一帶一路" 倡議和中非團結抗疫特別峰會的價值追求。

二、印尼：乘著"一帶一路"的東風破浪前行 ①

　　中國和印尼是"一帶一路"倡議的優勢互補戰略合作夥伴。中國願意將"一帶一路"倡議與"全球海上支點"戰略結合，這將促進中國和印度尼西亞區域綜合經濟走廊的發展。

　　在 2019 年 4 月的"一帶一路"論壇上，印尼和中國簽署了價值 640 億美元的 23 項投資和貿易合作諒解備忘錄。對於印尼來說，這筆資金將重點用於四個經濟走廊的開發項目：北蘇門答臘是馬六甲海峽地區的物流樞紐，北加里曼丹以其世界級的水力資源而聞名，北蘇拉威西島和巴厘島則是中國人的熱門旅遊地。

　　據報道，印尼和中國已經在北蘇門答臘瓜拉丹戎草擬了一份合作框架協議，這是印尼和中國的首個合作項目。2019 年 11 月 14 日，印尼國有企業與荷蘭鹿特丹港務局和浙江省海港投資運營集團的代表簽署了瓜拉丹戎港開發協議書（HoA）。

　　除上述四個項目外，還有其他合作項目，例如雅萬高鐵、爪哇多地中型發電廠、加里曼丹中部的坑口燃煤電站、西爪哇省絨果爾經濟特區、吉打拜綜合工業區、蘇門答臘油棕補種，以及西爪哇省勿加西的美佳達（Meikarta）綜合工業區。

　　中國推動了大規模的基礎設施建設、能源和交通項目以及製造業轉移。印尼希望通過這一合作平台獲得技術轉移和培訓等，並利用勞動力和旅遊業等優勢推動經濟增長。

　　然而，除了所謂的債務陷阱問題外，人們對"一帶一路"倡議下中國和印尼合作的長遠利益，以及這種合作如何在減貧方面改善人民福祉，尚

---

① 作者：保羅‧魯道夫‧尤尼亞托，印度尼西亞科學院地區資源研究中心高級研究員，復旦發展研究院訪問學者。

心存疑慮。

印尼中央統計局 2019 年的調查顯示，印尼貧困人口約 2600 萬人，佔總人口的 9.82％。實際數字還要更高，因為印尼政府設定的貧困線門檻很低，而且貧困統計數據與現實有出入。此外，新冠肺炎疫情對印尼經濟造成了嚴重衝擊，出口減少，外國直接投資和旅遊收入下降，將有更多人陷入貧困。據基準預測，印尼 2020 年國內生產總值增長率將下降至 2.1％，而悲觀預測將下降至 –3.5％。基準預測，是指經濟增長下滑且復甦迅速。相反，所謂悲觀預測，是指經濟進一步萎縮，然後緩慢復甦。

（單位：％）

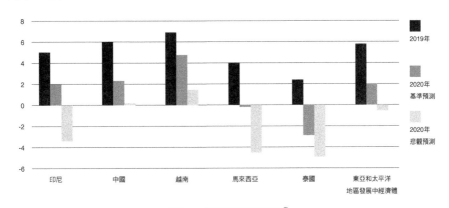

圖 1　經濟增長預測[①]

印尼政府在《2020 年國家中期發展計劃》中將消除貧困列為重中之重。政府一直在發放大量現金和非現金福利，例如用於當地發展的鄉村基金，並發行醫療福利卡和食品折扣，以消除偏遠鄉鎮和城市地區的貧困。但是貧困仍然是一個不容忽視的大考驗。脫貧攻堅的領域極為廣泛，例如貧困趨勢、社會援助、社會保障、社區項目和創造更多更好的就業機會。

---

① 來源：世界銀行，2020 年。

除此之外，這項工作還需要與國際社會齊頭並進，推動減貧項目。在這方面，"一帶一路"倡議無疑可推進印尼的減貧項目，印尼可從中受益。

對於不發達國家，基礎設施投資和減貧是兩個最緊迫的公共政策問題，兩者之間有千絲萬縷的聯繫。"一帶一路"倡議的概念將基礎設施投資與可持續創造就業維繫在一起。這項提案已擴展到涵蓋非基礎設施投資，包括數字經濟、文化紐帶和人文交流。"一帶一路"倡議還旨在滿足在整個地區創造貿易、就業、旅遊、移民和教育的迫切需求。因此，這項倡議將著力在全球範圍內實現人員、思想、資本或網絡的交流，以及社會文化交流。實際上，這項倡議在經濟利益方面具有巨大潛力，包括參與建立基礎設施連接，這些連接可影響中國與"一帶一路"夥伴國家之間的貨物和人力資源流動。

中國正在建設複雜的交通系統、水壩、港口、通信系統、相應的衛生設施和清潔用水、道路、橋樑，機場和水力發電廠現在是"一帶一路"投資模式的基礎。其中，亞洲基礎設施投資銀行是主要的金融機構，也有其他銀行共同參與。許多項目將對當地社區產生重大影響，從而在當地、區域甚至全球範圍內創造新的機會。在所有這些方面，決策者和利益相關者應充分利用"一帶一路"的獨特性，推動地方和國家經濟發展。

對於印尼而言，必須進行基礎設施方面的投資，與此同時，中國恰好可以滿足印尼的需求。在三個方面，基礎設施建設對印尼經濟至關重要。首先，運輸和物流基礎設施、能源基礎設施、水資源管理基礎設施（灌溉和公共飲用水）以及信息和通信技術基礎設施的發展將推動其競爭力的提升。其次，需要發展基礎設施，解決印尼當前的供應危機。最後，眾多部門的基礎設施問題成了吸引外國直接投資和推動工業增長的障礙。

此外，"一帶一路"給印尼帶來的好處還包括中國的技術轉移（技能和培訓）以及基礎設施投資。印尼群島還可以利用人口優勢。印尼海洋統籌部部長盧胡特·潘查丹表示，在實施"一帶一路"項目的三個省（巴厘島除外），貧困率有望降低至 9％以下。同時，還必須避免債務陷阱等潛在問題。在"一帶一路"合作中，印尼不應採用政府間的 G2G 模式，而應採用企業間的 B2B 模式，緩解國家預算中的債務風險。

世界銀行的一項研究報告顯示，截至 2017 年，中國使 8 億人擺脫了貧困。中國是全球最早實現千年發展目標中減貧目標的發展中國家。儘管貧困標準不斷提高（從 1978 年的 100 元 / 人提高到 2005 年的 693 元 / 人），但中國扶貧脫貧工作依然成果斐然。1978 年至 2006 年間，中國農村貧困人口從 2.5 億人減少到 2150 萬人，貧困人口的比例從 30.7％下降到 1.6％。這也證明中國實現了聯合國千年發展目標中的減貧目標。中國向 120 多個國家提供幫助，推動其實現千年發展目標，對全球減貧貢獻超過 70％。這是人類歷史上的"中國奇跡"。

（單位：萬）

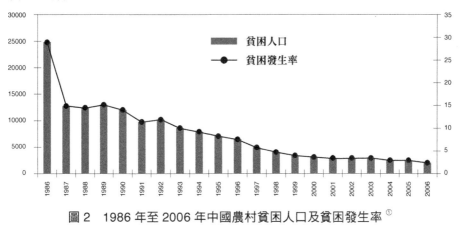

圖 2　1986 年至 2006 年中國農村貧困人口及貧困發生率 [1]

基於這個成功案例，包括印尼在內的"一帶一路"夥伴國家完全可以向中國學習。中國的扶貧經驗值得其他國家借鑒。除基礎設施外，還可以

---

[1]　資料來源：國務院發展研究中心，2006 年。

學習中國政府如何制定扶貧戰略。據國務院扶貧開發領導小組辦公室稱，中國扶貧成功有四個驅動因素：改革開放（體制創新）；經濟增長和基礎設施建設；城鄉一體化發展；扶貧開發和自力更生。這些方案為正在考慮減貧戰略的國家提供了重要的經驗和啟示。

中國政府制定了適合國情的戰略。扶貧不僅提供資金、食品或藥品等扶助，而且還建立了相應的基礎設施，改善人民群眾的生活質量和謀生能力。除國務院扶貧開發領導小組辦公室外，相關省、自治區、直轄市和地（市）、縣級政府也成立了相應的組織機構。

這些戰略和政策的實施產生了重大影響：加快了欠發達地區的發展，改變經濟重心的軌跡，並大大減少了中國的貧困人口。

"一帶一路"為不發達國家帶來了新一輪的機遇，特別是在基礎設施建設方面，推動了這些國家的公路、鐵路、橋樑和港口建設。這項倡議不僅打開了國有和私有基礎設施投資的"泄洪閘"，而且還促進了勞動力和旅遊業的流動，以及在教育和減輕貧困方面的合作。因此，"一帶一路"倡議應在各國人民、人才流動和社會文化領域之間建立更多的合作關係，不僅是經濟往來，還應形成中國與其他國家之間的深層次互聯互通和共同繁榮的人文交流。

三、中非扶貧合作與經驗交流 [①]

非洲是一個由 50 多個國家組成的大陸，與中國國情不盡相同，近幾十年來在減貧方面的經驗極度匱乏，收效甚微。儘管中國與諸多非洲國家有不少相似之處，但事實上，中國也曾一度處於糟糕的境況，甚至有些方面還不如一些非洲國家。當年中國面臨的脫貧艱巨程度絲毫不亞於如今的

---

① 作者：凌邁，浙江師範大學非洲研究所研究員。

馬拉維。

但是，自改革開放以來，截至 2014 年，中國國內生產總值（GDP）年均增長率約為 10％，人均 GDP 增長近 49 倍。中國佔全球經濟的份額從 1978 年的 2.7％上升至 2019 年的 16％；人均 GDP 從 1978 年的 155 美元上升至 2019 年的 1 萬美元以上。1981 年，按每人每天 1.9 美元（2011 年購買力平價）的標準計算，中國的貧困率為 88.3％；2010 年，這一數據降至 11.2％（Liu, 2020）[①]。據世界銀行預計，全球極端貧困人口（每人每天生活費不足 1.9 美元）的數量已從 1990 年的 18.5 億人下降至 2015 年的約 7.36 億人。同期，中國已幫助 6.027 億人脫貧，佔全球總脫貧人口的 54％。即每天脫貧人口高達 25 萬人，或每分鐘脫貧 200 人（World Bank, 2017）[②]。

中國為全球減貧作出的貢獻超過了任何其他國家。40 年來，中國脫貧人口高達 7 億多人，甚至超過了整個歐洲 2016 年的總人口數（7.41 億人）。此外，2018 年，農村貧困人口平均年收入上升至 10371 元（約合 1530 美元），經通脹調整後同比增長 8.3％。中國只用了 20 多年便取得了全世界用 200 年所取得的成就：從貧困線（每天 1.25 美元）以上人口佔五分之一變成貧困線以下人口佔五分之一。（Chandy, 2015）[③] 這一矚目成就很大程度上歸功於這段時期內的經濟快速增長。中國的發展經驗表明，確保經濟增長跨部門、跨地區並使貧困人口廣泛參與具有重要意義。

在對其他發展中經濟體（特別是其中幾個仍依賴發展援助的非洲國家）來說，可借鑒中國減貧成就的關鍵方面包括：中國如何與國際援助機

① Liu, X. (2020). A Critique of Precision Poverty Alleviation: Does China Approach Adequate Policy Tools? *Journal of Business and Public Adminstration Studies, Vol. 14*, No.1.

② World Bank. (2017). "From Local to Global: China's Role in Global Poverty Reduction and the Future of Development." The world Bank, Washington, DC.

③ Chandy, L., Kato, H., and Kharas, H. (Eds) (2015). *The Last Mile in Ending Extreme Poverty.* Brookings Institution Press.

構合作，如何發展農業和農村，如何擴建基礎設施，以及如何營造良好環境推動企業蓬勃發展和創造就業機會。此外，中國在減貧方面的成就可能還要部分歸功於 1986 年首次推出的區域精準扶貧計劃，當時 331 個縣被確定為國家重點扶持貧困縣。（Zhang et al, 2003）[①]2001 年，隨著農村貧困人口的減少，調研發現，將縣列為扶貧單位已不再適合中國國情；此後，鄉鎮取代了縣，成為扶貧基本單位，使扶貧更為精準。

自 2013 年習近平首次提出精準扶貧之後，中國的脫貧工作取得了輝煌成就。但中國領導集體清醒地認識到，脫貧攻堅計劃仍然任重道遠。截至 2015 年底，仍有 6000 餘萬農村人口生活在貧困線以下，全國有 14 個連片特困地區、832 個貧困縣、12.9 萬個貧困村。習近平主席是一位有雄心壯志的領導人，他決定進一步採取措施，全面落實扶貧對象幫扶到戶，擬於 2020 年之前全面消除中國的絕對貧困。

中國政府設定了一個新的宏偉目標，從 2016 年起每年都要完成 1000 萬以上貧困人口的脫貧任務，並計劃到 2020 年使剩餘的 4335 萬農村人口全部脫貧。鑒於巨大的城鄉差距和地區差距，中央政府和地方政府深刻認識到，2020 年農村貧困人口全部脫貧這一目標的完成並不意味著中國反貧困事業的終結。2020 年後，隨著長期困擾中國農村的原發性絕對貧困的消失，中國農村貧困將進入一個以轉型性的次生貧困和相對貧困為特點的新階段。

中國的領導集體在減貧方面的重大成就，植根於堅實、有針對性的全面協調的扶貧戰略，此外，還依賴於國家領導能力、目標堅定、自力更生、萬眾一心。中國政府有一種特殊能力，能不斷認識到在其他國家已嘗試的眾多理論和思想對本國的建設性意義。中國政府能夠在其政策方針中

---

① Zhang, L., Huang, J., and Rozelle, S. (2003). China's War on Poverty: Assessing Trageting and the Growth Impacts of Poverty Programs. *Journal of Chinese Economic and Business Studies, 1* (3), 301-317.

踐行這些理論和思想體系。因而，這些理論和思想體系在國家層面內得以持續下去，層層落實到經濟、生態和社會經濟狀況各不相同的各級政府。中國在扶貧方面取得了矚目成就，這主要歸功於中國人民的無私貢獻、通過國家產業政策實行的強有力領導和體現的奉獻精神、經濟高速發展、扶貧宏觀經濟政策、政府扶貧政策以及精準扶貧項目。所有這些均可歸納為三個方面——親貧經濟增長政策；農村社會保障網；以發展為導向的扶貧戰略和計劃（Lin Jian et al., 2009）[①]，從而表明中國政府在扶貧領域的政策是卓有成效的。

中國政府制定了一項政策，讓發達的東部省份與較為落後的西部省份進行結對幫扶。這一政策體系通常稱為"對口支援"。左常升（2018：34）認為，發達省份可向與之結對的經濟欠發達省份提供各方面的資源投入和扶助[②]。

為縮小東西部地區經濟發展差距，建立了東西部對口扶貧體系。對口扶貧雙方本著優勢互補、互利雙贏、長期合作、共同發展的原則，在政府援助、企業合作、社會援助、產業發展、幹部交流、人才培養和勞動力轉移等領域，採用多種形式開展多層次的扶貧合作。中國前領導人鄧小平指出，在改革開放進程中，先富裕起來的地區應該對貧困地區進行幫扶。這項扶貧戰略旨在確保所有中國人實現共同富裕。

習近平主席於2013年強調了精準扶貧計劃落實到"個人"的重要性。習近平主席提出，扶貧工作應該更加精準，從而使有限的扶貧資金發揮最大的作用。自從習近平主席發表講話以來，中國的扶貧政策注重"授人以漁"，而非"授人以魚"。向貧困人口提供資產和機會，幫其立業，助其奮

---

① Liu J., X. Li and F. Liu. (2009). *A Study on Poverty Reduction in Rural China*. Beijing: China Finance and Economics Press.

② Changsheng, Z. (ed) (2018). "The Evolution of China's Poverty Alleviation and Development Policy (2001-2015). *Springer*, pp. 34.

發，規避純粹的“施捨”。扶貧項目旨在提高貧困農村家庭的創收能力。中國政府創新了農村扶貧機制，使政府能夠為基本公共服務、人力資本開發以及對農業、企業和基礎設施的大量投資不斷擴大扶持力度，形成滾雪球效應。

2015 年，中國政府進一步強調，必須堅決打贏脫貧攻堅戰，確保到 2020 年所有貧困地區和貧困人口一道邁入全面小康社會。也就是說，應制定縮小經濟發展差距的戰略規劃和政策措施，解決衣食住行問題，消除貧困，通過解決氣候變化帶來的一系列問題改善環境，提高自主能力。如果中國能夠通過消除貧困和縮小發展差距實現 2020 年的如期脫貧目標，這將是中國改革開放的又一個里程碑。中國將提前 10 年實現聯合國《2030 年可持續發展議程》的第一目標：消除一切形式的貧窮。因此，“十三五”規劃中對扶貧脫貧提出了具體的要求和措施。這是中國領導集體首次將減貧作為中國五年規劃的重要組成部分，並把脫貧攻堅任務作為一項強制性指標。

2016 年，世界銀行報告申明，中國政府扶持項目包括提高貧困人口的收入、實施早期兒童發展、提供優質的教育和衛生醫療、面向貧困家庭的現金轉移支付、農村基礎設施建設和住房改造補貼等。這些措施都是減貧的有效途徑。此外，據伊澤倫（2019）稱，中國政府已將其 2019 年扶貧資金的一部分提前劃撥給了地方政府。[1] 已劃撥給 28 個省、自治區和直轄市的扶貧資金總額高達 130 億美元，佔 2018 年總額的 86％。這 130 億美元專項撥款中，一部分用於扶持新疆、西藏、雲南部分地區、甘肅、四川等特困地區。扶貧專項資金涵蓋多個領域，包括改善民生、農村基礎設

---

[1]　Ehizuelen, M.M.O. (2019). China's Last Lap in Eradicating Poverty by 2020. *ChinaDaily*, 14th March, 2019. Retrieved 17 April 2020 from global.chinadaily.com.cn/a/2019/14/WS5C89b8da3106c65c34ee93a.html.

施資金、農業補貼、貼現貸款。[①] 此外，預計每年將創造 1300 萬個城市就業機會，使近年來的失業率保持在 4% 的低水平（Hu, 2018）[②]。

此類扶助的目標是激發貧困戶自主脫貧的內生動力，提高貧困戶自主脫貧的積極性。中國人民對美好生活的嚮往極為強烈。多部門協同、有針對性的戰略、卓越領導才能、不懈創新（例如農村淘寶等農村電子商務），已成為中國扶貧的核心推動力。中國在減貧方面取得的種種成就得益於中國政府強有力的領導、大規模的資源調配能力與創新實踐能力。為了使億萬中國人民擺脫貧困，中國領導人毅然走出舒適區，以經濟現代化為中心，開闢改革開放新道路，"摸著石頭過河"，逐漸走出困境。

所有這些舉世矚目的成功表明，儘管 2020 年新冠肺炎疫情形勢嚴峻，但中國一定會在臨近勝利的節骨眼上 "百尺竿頭，更進一步"，取得扶貧攻堅戰的最終勝利。只要全國人民眾志成城，中國就能實現 "兩個一百年" 奮鬥目標和中華民族偉大復興的中國夢。這種發展模式應成為非洲一體化的驅動因素。難怪發展經濟學專家斷言，中國的經濟快速轉型及其非凡發展軌跡可為非洲提供借鑒。中國過去的社會經濟狀況與非洲國家十分相近，但在一段時期後卻取得了舉世矚目的經濟增長。

在國內開展脫貧攻堅戰的同時，中國還積極扶助其他發展中國家，例如非洲各國。這些國家希望借鑒中國的減貧經驗，幫助非洲 4 億多貧困人口脫貧。2018 年 9 月召開的中非合作論壇北京峰會上，習近平主席重申了他在三年計劃中支持非洲扶貧的莊重承諾，為非洲大陸提供 600 億美元資金支持，推動實現聯合國減貧目標（2030 年之前在全球範圍內消

---

① Ehizuelen, M.M.O. (2019). China's Last Lap in Eradicating Poverty by 2020. *ChinaDaily*, 14th March, 2019. Retrieved 17 April 2020 from global.chinadaily.com.cn/a/2019/14/ WS5C89b8da3106c65c34ee93a.html.

② Hu, B. (2018). China's Economic Transformation. *DOC Research Institute*. Retrieved 6th July, 2019 from https://doc-research.org/2018/01/chinas-economic-transformation/.

除極端貧困）以及 2063 年非洲議程。研究表明，貧窮和失業是非洲的主
要問題。眾多非洲國家無法實現以減貧為核心的千年發展目標。（Asante,
2017）[①] 從這個意義上來說，中國的 600 億美元資金支持對非洲的可持續發
展至關重要。

　　非洲和中國商定，中方將在加強自身減貧努力的同時，增加對非援
助，在非洲實施 200 個 "幸福生活工程" 和以婦女兒童為主要受益者的減
貧項目。這些項目包括南南合作援助基金。該基金將推動非洲實現聯合
國《2030 年可持續發展議程》的目標、制定 2015 年《約翰內斯堡行動計
劃》，其中包括進一步加強減貧經驗分享。除此之外，中國重申將繼續舉
辦中非減貧與發展會議，並將其列為在中非合作論壇框架下的正式分論
壇。這一舉措使中非雙方可共同探索扶貧政策和戰略，同時逐步建立一個
多層次的政府間和社會間扶貧對話平台。我們正是在這一背景下著眼於非
洲國家汲取中國扶貧經驗的潛力。

　　從農業帶動經濟增長和農村家庭收入多樣化的角度看，中國農業快速
發展對非洲國家的減貧工作有一定借鑒意義。首先，政府的扶貧工作廣
泛集中於農村地區，因此中國的扶貧項目特別注重農村和農業的發展。
但是，考慮到兩種不同的國情，在廣泛借鑒中國經濟增長和減貧戰略經驗
時，非洲國家應倍加謹慎。

　　儘管中國文化多元，幅員遼闊，但中國一直是個統一國家，而非洲則
是由 50 多個國家組成的大洲，其社會、經濟和環境條件各不相同。中國
的社會政治和人口狀況比非洲更佔優勢。但是，中國成功改善了農村人口
的生活水平，非洲完全可以借鑒。另外，非洲國家需要了解中國小農經濟
是如何發展起來的，同時也要從中國農業發展面臨的一系列困難中汲取教

---

① Asante, R. (2017). "China's Security and Economic Engagement in West Africa:
Constructive or Destructive?" *China Quarterly of International Strategic Studies, Vol. 3*,
No. 4, pp. 575-596.

訓，例如如何解決社會發展不平衡（城鄉差距加大）、農村土地所有權不清、農業高度集約化所導致的環境污染和自然資源退化等問題。

經濟的持續高增長是減貧的必要條件，這對非洲國家來說仍是所要面臨的巨大挑戰。中國工業和服務業的增長是基於 40 多年前開始的農業改革。非洲可從中國政府的這些政策中吸取經驗，學習中國吸引和規範外國投資以推動工業化和技術發展的策略與方法。

快速的經濟增長和積極的宏觀經濟、工業和社會政策，推動中國躋身於中高收入國家和全球經濟強國的行列，非洲國家同樣渴望在不久的將來成為中等偏上收入國家。在這一時期，通過雙邊貿易和資金流動，或者間接地通過增長溢出效應和貿易條件的影響，中國的轉型對非洲國家的發展道路產生了越來越大的影響。

儘管中國的減貧經驗看起來都不錯，但是非洲國家在學習借鑒的過程中應注意以下四個方面：

第一，直到 20 世紀 70 年代後期，中國大部分經濟資源都處於國家控制之下，並且藉助體制改革，這些資源在農村地區得到了公平的分配。中國賦予了貧困人口自主權。非洲的權力和政治結構完全不同，充斥民事和軍事官僚主義、政治和宗教力量、擁有大量土地的農村精英階層以及根深蒂固的氏族制度。中國的整個改革進程中，中國領導集體一直將目標錨定貧困地區。然而，非洲的貧困地區中，擁有土地的家庭極少，很難分配土地等經濟資源。

第二，與中國相比，非洲的國家機構往往比較薄弱，這對減貧項目的開展以及向非洲人提供關鍵的社會服務和基礎設施都產生了不利影響。

第三，非洲人口增長迅猛。高生育率造成的高撫養比率似乎是經濟增長和減貧的一個制約因素。

第四，充斥極端主義和恐怖主義，社會治安狀況糟糕，這可能是制定和貫徹扶貧政策的嚴重制約因素。

中國的經驗教訓對非洲國家具有重要意義。中國通過基礎設施的建設、政府主導的扶貧開發改善了貧困地區的生產條件，為中國扶貧作出了巨大貢獻。政府扶貧項目還向貧困人口提供小額貸款和培訓，增加貧困人口收入並提升其自主脫貧能力。

有鑒於此，中非雙方互相學習、共同進步是至關重要的，也是明智可取的。非洲各國需要根據自身的歷史、文化和經濟特點，選擇性地借鑒中國扶貧經驗。也就是說，在借鑒國外扶貧經驗的本土化過程中，非洲國家應形成具有非洲自身特色的減貧模式。對中國而言，減貧合作過程中，指導思想應為建設人類命運共同體，原則應為基於合作的平等、包容性和多樣性，尊重非洲扶貧戰略的自主性，調動各方面的力量開展綜合扶貧措施。

另外，中非雙方應根據自身的能力分享發展經驗，努力深化合作，從邏輯上講，其核心應為“我做了什麼”，而不是“你需要做什麼”（互相追趕，互相學習）。應努力加強合作，使中國學者更為深入地了解非洲的貧困與發展情況，並在中國傳播這些信息。應加大中非扶貧資金投入，開展聯合研究和交流，深化減貧經驗分享、強化培訓和能力建設活動。

IV

第四篇

未來可期

中國脫貧的挑戰與可持續發展

| 第一章 |

下一個百年的挑戰

一、中國的減貧奇跡與經驗 [1]

幾十年來，全球貧困人口在不斷減少：20 世紀 60 年代，全球約有 50% 的人生活在極度貧困中（見圖 1），過去 40 年間，中國為此作出的貢獻一直名列前茅，消滅了全球 70% 以上的貧困。

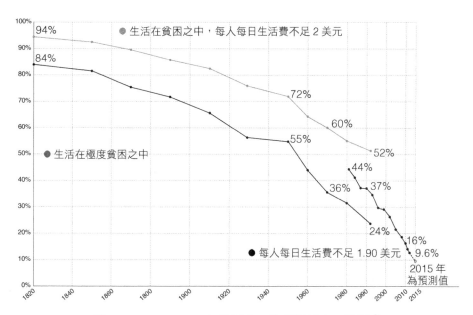

圖 1　1820—2015 年貧困人口佔世界總人口比例 [2]

---

① 作者：伊恩・高登，牛津大學全球化與發展學教授，曾任世界銀行副行長。
② 數據來源：1820—1992 Bourguignon and Morrison（2002），《世界公民貧富差距》，《美國經濟評論》；1981—2015 世界銀行（PovcalNet）。可視化交互數據來自 OurWorldinData. org。作者馬克思・露絲通過 CC-BY-SA 協議授權。

　　中國貧困人口的減少是一段具有歷史意義的成功故事。40 年來，中國政府有條不紊地開展了脫貧運動，用一代人的時間把中國變成了一個中等收入國家。

　　據世界銀行統計，自改革開放以來，中國超過 7 億人脫離了貧困，中國貧困人口比例由 20 世紀 90 年代初的 60% 左右降低到 2014 年的不到 2%（見圖 2、圖 3）。而這一切都是通過齊心協力的經濟現代化實現的。

（單位：%）

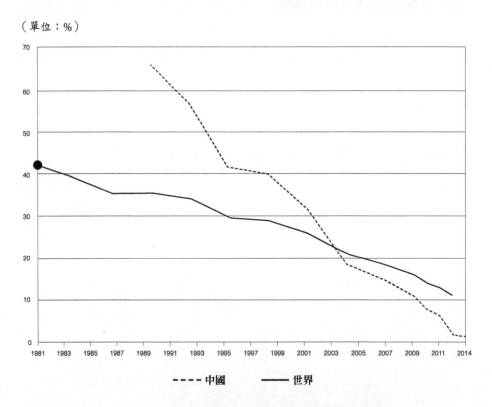

圖 2　1981—2014 年中國和世界貧困人口（國際標準）[①]

①　數據來源：世界銀行。

（單位：%）

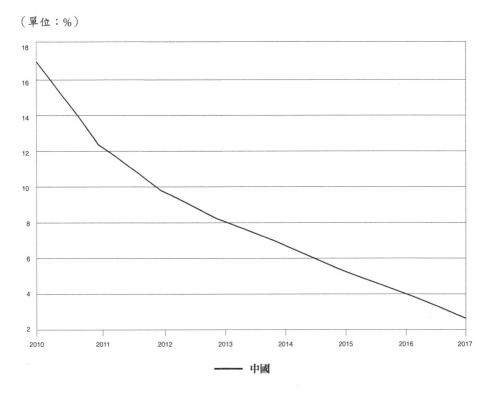

圖 3　2010—2017 年中國貧困人口（國際標準）^①

　　40 年前的中國，農業從業人口佔 75% 以上。而如今，這一比例降到了 25% 以下，製造業和隨後出現的服務業取代農業成為最大的就業領域。這和城市化的推進、全民教育和健康衛生服務的承諾，以及淨水和電力的供給有關。40 年前，中國只有 20% 人口生活在城鎮，至 2016 年近 14 億中國人中有超過 60% 的城鎮居民（見圖 4）。自 2000 年以來，城市財富增長了 4 倍多（見圖 5）。40 年來，在城市化不斷推進的同時，中國人的預期壽命增加了 12 年，達到了 77 歲。平均收入增長超過 40 倍，如果按購買力計算，人們的平均收入增長更是超過了 60 倍。

① 數據來源：世界銀行。

（單位：百萬）

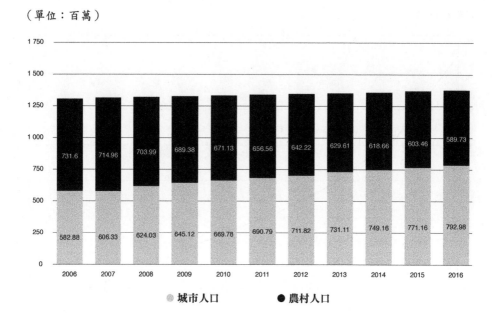

圖 4　2006—2016 年中國城市和農村人口 ①

（單位：元）

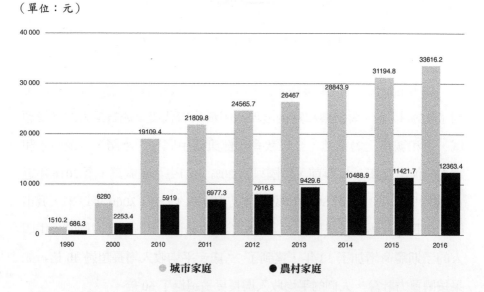

圖 5　1990 年、2000 年和 2010—2016 年中國農村和城市地區人均收入 ②

---

① 數據來源：中國國家統計局。

② 數據來源：中國國家統計局。

　　習近平主席在 2015 年減貧與發展高層論壇上宣佈，中國政府的目標是在 2020 年實現中國貧困人口全部脫貧。考慮到中國所取得的非凡經濟成就，這一目標似乎並非不切實際。

　　那麼，中國是怎樣取得如此輝煌的成就的？發展中國家可以從中國減貧的舉措中學到什麼？

　　中國成功的關鍵在於，改革開放後，中國在經濟強勁增長的同時，還專門針對減少貧困制定了發展政策。經濟合作與發展組織認為，以發展為導向的領導方式、建立國家共識，這兩者都是中國能消滅貧困的主要原因。為此，國家需要嚴格執行發展和社會政策，設立一套衡量政策績效的統一系統，私營和公共部門需要在國家統一的共同目標激勵下一起努力。設立準確的發展目標、鼓勵包括公有和私營部門在內的全國人民一同為取得成果而努力，這兩點在中國減貧戰略中起到了重要作用，為其他正在和貧困作鬥爭的發展中國家樹立了榜樣。

　　如果沒有連貫有效的政策執行機制，這些雄心勃勃的目標是不可能實現的。中國的一大獨特之處在於其在動態學習中試驗發展政策的方式：如果某項政策經測試有效就在全國範圍內進行推廣，反之就撤銷。事實證明，這樣的方法非常有效。自從中國開始扶貧脫貧工作以來，試行各種政策一直很普遍：某項政策出台後會先在一些地方施行，政府會據此評估該項政策的有效性，然後在全國範圍內推行有效政策。而這都要歸功於這個幅員遼闊的國家對來自全國各地的公務員的監督和輪換。

　　比如說，在 20 世紀 70 年代末出台的促進農業生產力提高的土地所有權制度，正是農村家庭聯產承包責任制試驗成功的結果。市場政策、資本自由流動的逐步放開、貿易改革和金融交易所一開始都先在經濟特區進行了試點，自由貿易區和經濟技術開發區代表了中國漸進性和實驗性政策制定的成功。

　　位於華中地區的長沙等城市的發展，正是這一獨特發展戰略的一大例證。長沙起點低，是一個相對落後的地區。但近幾十年來，這座城市發展驚人：2000 年至 2012 年間，長沙人均國內生產總值增長了 3 倍，產業結構由重工業和製造業轉變為高附加值的資本密集型產業，比如汽車和傳媒通信行業。這是通過國家干預（尤其是中部崛起計劃）和有效的權力下放實現的。國家投資研發和勞動培訓計劃，同時推行政策促進不同城市與省份之間的內部競爭。這些措施確保了高新產業的發展和經濟的快速增長，促進了越來越多快速發展的城市和地區改善教育和基礎設施。地方上則由 "領導小組" 體系幫助協調國家、地方和企業的活動，以便實現有效增長。與此同時，地方政府還會推進有利於當地人力資本發展的項目，吸引人才，從中國其他地區、國際組織、其他國家以及國際專家汲取經驗。

就像在其他發展領域密切監測結果、謹慎規劃試驗一樣，政府會通過試驗和糾錯改善結果，然後將經驗推廣到越來越多的地區和人民之中，一直以來這都是中國減貧戰略的核心。致力於廣泛、深入地完成任務，通過實踐並根據地方情況來理解最佳國內外案例——這兩者雙管齊下是中國最重要的經驗。

實施政策所需的資金一方面來自政府對基礎設施和技術創新方面的投資，另一方面則來自對國際資源和投資的負責使用。而負責使用國際資源和投資，同時也有利於中國學習、消化國際上一些最佳實踐案例，並根據自身情況調整應用。這種樂於檢驗國際經驗、樂於與地方社區協商並調整實施改革的開放心態，是我們可以從中國的案例中學到的另一項重要經驗。

早期，最初的減貧政策創造了大量的就業機會、私營、公共投資，交通運輸和通信基礎設施的建設帶來了新的崗位，工人被轉移到了服務業和製造業生產部門。如今，超過 80% 的就業與大約 60% 的投資來自私營部門（見圖 6）。

（單位：%）

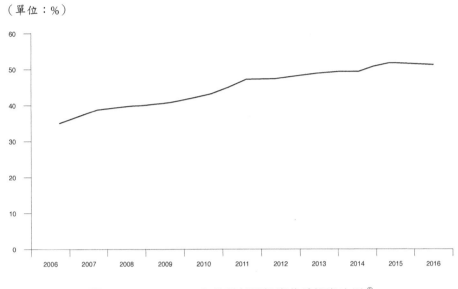

圖6　2006－2016年私營部門投資佔總投資比例 [1]

　　如果沒有搭建起令人驚歎的教育、社會和科研機構網絡，如果沒有形成廣泛的交通和通信線路，這一切都不可能實現。隨著社會基礎越來越堅實、社會影響越來越深遠，中國政府為貧困人口打造了一塊擺脫貧困的跳板，激發他們的責任感，讓他們有機會獲得教育和科技資源。在這一過程中，自力更生是一個關鍵，無論是在個人、社區、城市還是在機構層面都是如此。要想進入頂級教育機構或成為公務員都得經過激烈的競爭，而且這些競爭的參照依據都是優異的成績表現，因此全中國上下準備之完善、能力水平之高在發展中國家堪稱前所未有。

　　中國發展的狀況雖然令人驚歎，但同樣也存在風險，尤其是，中國的這種快速發展在環境上是否具備可持續性。因此，中國需要減少水和能源的大量使用，克服污染問題，解決對化石燃料的依賴。中國政府意識到了這些挑戰，並將它們納入了2020年消滅極端貧困的目標之內。中國政府渴望維護社會穩定，獲得可持續發展所帶來的好處，因此他們已經開始研究和制定廣泛的環保政策。習近平主席曾表示，要把中國建設成為生態文

① 數據來源：中國國家統計局。

明的國家。面對氣候變化問題，中國一馬當先，在再生能源方面的發展腳步明顯加快，短時間內成為最大的太陽能和風能生產國和使用國。通過這些努力，中國在 2005 至年 2017 年成功實現了碳強度下降 46%，提前超額完成了 2020 年以前減少 45% 碳強度的目標。

重新造林也一直是中國政府的重點工作。1978 年起，中國共種植了超過 660 億棵樹，比如乾旱的西北地區，如今已經擁有了先進的種植技術，可以種出一道 "綠色長城"，阻止荒漠化蔓延。另一項值得關注的大規模植樹造林計劃則在河北省，政府希望在這個中國受污染最嚴重的地區之一種植超過 100 萬英畝樹木。環境問題是促成這一計劃的重要動力，但除此之外，公共健康問題和經濟方面的考慮也是相當重要的因素。呼吸道和心血管疾病被認為是中國最主要的兩項疾病，而河北省人民正遭受污染的嚴重影響。

中國經濟快速發展帶來了一些副作用，日益突顯的環境問題是其中之一，而另一個副作用則是日益加劇的貧富差距。過去，中國社會非常貧窮，但同時也是世界上收入差距較小的社會之一。改革開放後，收入的快速增長帶來的必然結果就是，一些人比其他人更快實現了脫貧致富。中國的基尼係數近年來一直徘徊在 0.4 以上（見圖 7），高於世界標準。基尼係數越高，就意味著社會貧富差距越大。儘管根據這個標準，美國、巴西和墨西哥都比中國高，但大多數亞洲和歐洲國家的基尼係數都低於中國。一定程度上來說，貧富差距加大的原因在於收入的增加，體現在中國工業的發展為農村貧困人口創造了大量的就業機會，同時由於城市福利政策的出台、城市公共服務的提高，農村人口在城市工作能獲得更高的收益，因此使得農村人口大量向城市轉移。2015 年城市佔據了 80% 的財富，而 1975 年這一比例僅為 30%。中國的貧富差距加劇問題呈現出了很強的地域性，反映了城市和農村地區之間的差距——城市地區收入增加比農村地區更快。

數值

圖 7　2003—2016 年中國基尼係數 ①

　　然而，有證據顯示，通過在偏遠的農村地區採取有針對性的干預措施、引入最低工資制度、努力解決腐敗問題，這一趨勢近些年出現了逆轉。中國政府在推動經濟從投資驅動型轉變為消費驅動型之餘，還把提高低收入人群購買力放在了首要位置。針對如何減少不平等問題發佈官方指導文件，這是政府朝著這一目標邁出的重要步伐。這進一步鞏固了中國作為社會政策新興全球領導者的地位。

　　中國不僅是世界經濟強國，而且還參與了國際管理。除了努力實現國際環保標準、帶頭應對氣候變化問題外，中國在解決全球貧困問題上也發揮了越來越重要的作用。中方投資往往對準亞洲和非洲大陸，一來提供援助，二來為它們更好的交通、通信和市場發展及基礎設施建設作出貢獻。中國在亞洲基礎設施投資銀行、新開發銀行和"一帶一路"倡議的項目中發揮的領導作用同樣也反映了中國對全球共同發展更廣泛的國際承諾。

　　當然，中國的經驗並不是應對貧困的唯一辦法。每個國家開始治理貧困問題時的條件情況、時間節點都是獨一無二的，面對的障礙和機會也各不相同。中國的模式並非通用的樣板，但卻可以啟發其他國家在制定政

① 數據來源：經合組織。

策、作出決策時進行參考，並根據自身情況調整使用。一個值得注意的例子是，中國對農村生產力早期且持續至今的關注，實現了減少飢餓、提高農村貧困人口收入的雙重目標。中國的增長策略依託的是對人力資本增長和基礎設施在刺激經濟繁榮發展上所起作用的深入理解，這為其他發展中國家提供了寶貴的經驗：提供人們負擔得起的教育和醫療服務，並為最貧困的家庭提供慷慨的援助補貼，有助於改善社會流動性。

　　過去 40 年間，中國展示了貧困是可以被打敗的。中國提供了重要的經驗教訓：只要有決心，可持續發展的全球目標是可以實現的。在持續努力消滅國內貧困，進一步改善人民生活的同時，中國還將重視環境可持續性，關注低收入群體，進一步鞏固扶貧成果。在過去 40 年取得的獨特成就的基礎上，中國正越來越多地投身於消除全球貧困的事業，鼓舞所有致力於實現可持續發展目標的國家。

二、合作共贏才是上策 [①]

　　40 年前，中國向世界打開大門，啟動國家經濟發展規劃。在人類歷史上，難道有任何其他比中國的改革開放更成功、幫助更多民眾脫貧的扶貧計劃嗎？

　　想象一下所謂的"貧困金字塔"。1978 年，中國有 10 億人口，平均每 10 個人中就有 9 個生活在世界銀行劃定的"極端貧困線"（即每人每天1.9 美元）以下，天天為吃飽肚子而發愁。

　　如今，貧困金字塔已經倒轉過來。13 億多中國人的平均熱量攝入增加了一倍，絕大部分人已經擺脫了飢餓之苦。前幾代中國人，為了讓自己和子女吃飽穿暖沒日沒夜地忙碌。如今，人們能夠同餐共飲，享受家庭之樂。

　　自 1978 年起，中國經濟持續數十年快速增長。根據"72 法則"（以

[①] 作者：格雷厄姆・艾利森，哈佛大學肯尼迪政府學院首任院長、教授，哈佛大學貝爾弗科學與國際事務中心主任。

1％的複利計息，72 年後，本金翻倍），中國經濟幾乎每七年翻一番。一部分中國民眾的生活水平甚至提高了 50 倍。可以說，改革開放 40 年奇跡般的經濟增長，比中國過去 4000 多年歷史所創造的福祉還要更大、惠及的人數還要更多。

2004 年，世界銀行行長羅伯特·佐利克說，中國憑 "一己之力" 就讓全球步入實現減貧目標的正軌。用他的話說："1981 年至 2004 年，中國成功幫助超過 5 億人口擺脫極端貧困。這無疑是減貧史上最偉大的飛躍。"

2017 年，世界銀行行長金墉指出，中國的成就堪稱 "人類歷史上最偉大的故事之一"。他表示，中國已使 8 億人口擺脫了極端貧困之苦，並且國民的人均壽命延長了 10 多年。

依靠具有中國特色的市場經濟，中國成功實現了經濟飛躍，超越美國成為世界第一大經濟體（按購買力平價計算）。

中國人民應該為自身努力和政府領導帶來的偉大成就感到自豪。但也要認識到，當時，穩定的國際經濟和安全秩序為亞洲奇跡（尤其是中國發展奇跡）提供了大前提。

在我們這個互通互聯的世界中，有許多 "小型核危機"（面對毀滅性挑戰時，沒有一個國家可以獨善其身）。新冠病毒就是一個典型的例子。病毒沒有護照，不分國界。當疫情蔓延成為全球性流行病時，沒有一個國家可以完全封鎖其疆界，因此每個國家都處於病毒威脅之下。無可否認的是，如今全世界 77 億人都生活在這個小小的星球。正如肯尼迪總統在解釋與蘇聯共存、共同面對核危機的必要性時所指出的那樣："我們都呼吸著相同的空氣。我們都珍惜著孩子的未來。我們也都是血肉之軀。"

新冠病毒大流行是一種 "小型核危機"。對於保護生物圈使公民可以呼吸新鮮空氣，管控金融危機以避免經濟大蕭條（及其政治後果），阻止大型恐怖主義的擴散等問題，緊密合作與良好夥伴關係為彼此帶來的不僅僅是互惠互利。其實在這些領域中，如果沒有對方的精誠合作，任何一個國家都無法確保其最重要的生存利益。

| 第二章 |

中國脫貧事業可持續發展

一、中國如何實現減貧目標[①]

　　深入研究中國改革開放的整個過程，可以得出這樣的結論，過去 40 年來，中國不僅創造了經濟增長奇跡，而且創造了社會穩定奇跡。創造雙重奇跡的主要原因是，改革開放通過做大蛋糕，惠及千千萬萬普通中國人，隨著國家經濟發展，這增加了人們的幸福感和滿足感。

　　減貧的實踐和結果是這種共同發展的最好體現。回望 1981 年，當時中國人口佔世界人口的 22.4%，生活水平低於世界銀行絕對貧困線標準（按 2011 年購買力平價計算每人每天低於 1.9 美元）的人口佔世界貧困人口的 46.4%。2018 年，儘管中國人口佔世界總人口的 18.4%，但幾乎所有中國人的生活水平都超過了絕對貧困線。五分之一的人類擺脫了貧困的泥沼，這個故事無疑向世界展示了中國在減貧方面的智慧和能力。

　　"把蛋糕做大"是公平分配的前提。1978 年至 2018 年，中國國內生產總值（GDP）的實際年增長率為 9.4%，不僅是這一時期的世界最高水平，而且在世界經濟史上的其他任何時期同樣沒有先例。這樣的增長速度使中國的生活水平有機會追趕發達國家。

　　根據世界銀行按人均 GDP 的收入分類，1978 年中國改革開放前夕，中

———————————

① 作者：蔡昉，中國社會科學院副院長、學部委員，中國社會科學院國家高端智庫副理事長、首席專家。

國是低收入國家中最貧窮的國家之一。受益於人口紅利和那段時期的全球化優勢，中國在 1993 年和 2009 年分別跨過了中等偏低收入門檻和中等偏高收入門檻。2018 年，中國人均 GDP 達到 9771 美元，已接近高收入門檻。

中國並沒有止步於此。中國政府認為，經濟增長、技術進步和全球化成果應由所有人共同分享。以下是中國經驗分享的本質。首先，中國在這一時期的經濟增長模式可以表現為一個資源再分配的過程，在這一過程中，同時實現了就業增長、收入增加和生產率提高。其次，隨著勞動力市場的發展，對社會保障的需求越來越高，由此建立並完善了社會保障體系。此外，中國政府很早就啟動了國家農村扶貧計劃，並在計劃落實的各個階段都制定了具體目標。

經濟發展模式的所有這些特點使中國成為世界減貧的傑出榜樣和最大貢獻者。根據世界銀行的數據，1981 年至 2015 年間，世界貧困人口的數量從 18.927 億人減少到 7.53 億人，而中國貧困人口的數量從 8.778 億人減少到 960 萬人。

也就是說，在這一期間，中國不僅豐富了人類脫貧攻堅經驗，而且，中國為全球減貧事業作出了實際的重大貢獻，貢獻率高達 76.18％。2015 年，中國貧困線標準已高於世界銀行最新貧困線標準。此後，中國繼續以這一標準開展農村扶貧工作。2018 年，中國農村貧困人口為 1660 萬人，貧困率低至 1.7％。

中國減貧事業的成功，是傳統教科書所沒有的，為以人為本的發展觀樹立了一個活生生的全新榜樣。在實行扶貧戰略的國家中，存在減貧成效遞減的現象。一些學者和實務人士甚至認為這是減貧規律。隨著減貧工作的成功，貧困人口減少到相對較少的人口比例，政策效果趨於減弱。這是因為，在減貧工作後期，剩餘貧困人口往往帶有特殊的不利特徵。也就是說，無論是殘疾、疾病、高齡、受教育程度低等弱勢群體特徵，還是居住、生產、生態等不利地理條件，都使他們積重難返，無法完全擺脫絕對貧困。

　　結果，在許多國家，減貧工作在最後關頭陷入了困境。在實物投資領域，如果任何投資者遇到資本回報率下降的現象，都有理由停止向該項目繼續注資。投資項目和扶貧開發的根本區別在於，後者是與作為發展最終目標的人打交道。中央政府秉承以人為本的發展理念，決心打破減貧成效遞減的所謂 "規律"，鄭重承諾，到 2020 年，現行標準下的貧困人口全部脫貧，在中國歷史上消除絕對貧困現象。

　　儘管這一目標肯定會按計劃和預期完成，但中國已經開始部署下一步任務，繼續推進減貧工作，包括規範扶貧政策和機制，鞏固已取得的成果，關注和應對新的貧困成因，應對可能引發衝擊型貧困的風險，以更高的標準推行新的扶貧戰略，解決相對貧困問題。

二、建立長效機制，鞏固脫貧攻堅成果[①]

　　在以人民為中心的發展模式下，中國農村絕對貧困人口大幅減少。按照中國政府在 1986 年確定的貧困線，到 20 世紀末中國已基本解決了溫飽問題，到 21 世紀初，中國農村絕對貧困已經消失。

　　中國 1986 年確定的貧困線是一個非常低的赤貧線標準。因此，2012年中國政府按照中國經濟社會發展的客觀實際調整了貧困線標準，並決定到 2020 年全面消除農村絕對貧困現象。需要指出的是，2012 年至今我國農村扶貧開發的基本條件已與改革開放以來任何時期農村扶貧開發的客觀條件大不相同。

　　首先，改革開放以來的很長一段時間，貧困群體與經濟發展之間的關係一直都比較密切，如農業發展、鄉鎮企業發展等的參與主體實際上都是貧困農民。但是進入 21 世紀以後，貧困群體已經很難在經濟發展的主流行業中增加收益。其次，城鄉差距、貧富差距持續擴大，這也加大了按照

---

① 作者：李小雲，中國農業大學文科講席教授、國務院扶貧開發領導小組專家諮詢委員會委員。

原有的扶貧方式推進扶貧開發工作的難度。再次，城鄉基本公共服務的差距越來越明顯。

在這樣的條件下，要想解決剩餘貧困群體的現實問題，通過一般性經濟開發的活動和一般性扶貧開發的支持可能很難奏效。因此，要超越現有的制度和路徑的局限來減少結構性因素的不利影響，從而實現到 2020 年消除農村絕對貧困的奮鬥目標。

正是基於上述背景，2012 年以來的農村扶貧開發工作主要以精準扶貧和脫貧攻堅的形式展開。脫貧攻堅的目標是到 2020 年完全消除農村絕對貧困現象，其主要內容包括消除以 2011 年農民年均可支配收入 2300 元為標準的農村收入型貧困，以及 "兩不愁三保障"（不愁吃、不愁穿，義務教育、基本醫療、住房安全有保障）等不同方面。截至 2019 年底，農村絕對貧困人口已經減少到 551 萬人，97% 的貧困建檔立卡戶實現了 "兩不愁三保障" 的目標。從目前來看，我們完全有把握到 2020 年底實現脫貧攻堅的最終目標。即便我們受到了新冠肺炎疫情的影響，但是這也不會從總體上改變決勝脫貧攻堅的基本面。

就脫貧攻堅工作而言，目前我們面臨的重要挑戰是如何鞏固脫貧攻堅的成果。目前所取得的脫貧成果在很大程度上源於兩個方面：一是在政策法規推動下所實現的脫貧，二是在資源供給保障下所帶來的脫貧。雖然我們在脫貧攻堅戰中已經探索了一系列制度性的脫貧機制的創新，如教育扶貧、健康扶貧等，並在很多地方性的脫貧實踐中觸及政策問題，如河北省邯鄲市的扶貧保險機制創新等，但從總體上說，脫貧攻堅是一種暫時性的消除貧困的扶貧方式，並未太多涉及系統性的機制問題。

對於很大一部分具有勞動能力、具備一定條件的已經脫貧的群體而言，他們是在脫貧攻堅政策的支持下，通過提高收入擺脫貧困的。從總體上估算，目前這一群體仍然有 3000 萬人左右，該群體的大部分人收入剛剛跨越貧困線。這個群體無論遇到任何風險，都極易返貧。實際上，新冠肺炎疫情發生以來，這種類型的貧困群體規模有所擴大，返貧趨勢更加明顯。因此，決勝脫貧攻堅的重點在於鞏固脫貧攻堅的成果，而鞏固脫貧攻堅成果的重點在於防止返貧。

與脫貧攻堅戰中的扶貧工作不同的是，防止返貧工作以及決勝脫貧攻堅的關鍵在於逐步建立應對貧困的長效機制。除了在特殊情況下對貧困群體施以緊急援助，扶貧工作還應當成為經濟社會發展中的日常行動。

其一，需要及早研究城鄉一體化的就業制度。隨著越來越多的貧困群體進入非農產業，如果沒有促進貧困群體就業的制度，已經擺脫貧困的群體還有可能返貧，新的貧困問題就會發生。

其二，應從貧困群體自身能力提升的角度，改革現有的產業扶貧政策。在脫貧攻堅戰中，產業扶貧大部分是在政府推動下開展的，具有很強的行政推動性的特點。從長效機制來考慮，則需要建立一個可持續的基於貧困群體能力和市場需求的開發機制。

其三，由於貧困地區的人才匱乏，在脫貧攻堅戰中通過政府部門、國企和幫扶單位，以及第一書記駐村，極大地改善了貧困鄉村在領導和管理方面的人才匱乏問題。但是從長效機制的角度考慮，如何確保貧困鄉村擁有穩定的人力資源供給，也是鞏固脫貧攻堅成果的一個重要方面。

其四，鞏固脫貧攻堅成果不僅需要應對因各種風險出現的返貧，更需要著眼於構建防止新的貧困發生的長效機制。從目前來看，教育和健康是最容易在短期內導致返貧和在中長期發生新的貧困的重要領域。

三、數字技術：新工具帶來新價值，新合作助力新增長 [1]

數字技術助力勞動生產率提高，培育新市場和新增長點，為中國的減貧立下汗馬功勞，也可成為國際經濟發展的新動力。探索數字發展合作，因地制宜轉化中國數字化經驗，對促進後疫情時代國際經濟復甦和社會發

---

[1] 作者：俞子榮，商務部國際貿易經濟合作研究院副院長。

展至關重要。

中國脫貧攻堅的成就舉世矚目，其中數字技術發揮的創新和驅動作用功不可沒。探索數字發展合作，因地制宜轉化中國數字化經驗，對促進後疫情時代國際經濟復甦和社會發展至關重要。

改革開放以來，中國約 8 億人口擺脫了貧困，對全球減貧的貢獻率超過 70%。數字技術的發展和應用，對中國民眾改變生產生活方式、促進民生發展發揮了重要作用。

以農業為例。過去，中國億萬小農經歷了農產品難以對接大市場的困境，農產品滯銷一度成為常態。隨著"互聯網＋"理念的引入，數字技術逐漸融入農產品種植、加工、流通、銷售等各環節，實現了農業提質增效。

比如，在阿里巴巴農村電商的"畝產一千美金"計劃推動下，手機成了"新農具"。農民可以在手機 APP 上觀測農作物生長情況，通過電商平台銷售產品，跟蹤物流，獲取顧客對農產品的消費評價。在數字技術的帶動下，原本分散的農產品價值鏈條各環節得以整合，實現了農業附加值的提升。

農村電商在中國取得的成就表明，數字技術帶來的紅利並非局限於高收入國家和大城市。只要條件合適，在發展中國家和農村，其帶來的經濟和社會效益也大為可期。

當然，應當看到，農村電商在中國獲得的成功實踐得益於一系列因素和條件，包括中國巨大的市場需求、日益完善的交通和數字基礎設施、良好的營商環境、對民生發展的重視、電商政策利好，以及各方的積極行動。這也說明，技術發展有效性的影響因素錯綜複雜，打造全方位的數字社會不能一蹴而就，必須分階段、分步驟推進數字化經驗本土化。

全球數字合作的條件已基本成熟。

從硬件條件看，電信基礎設施的有效部署推動互聯網以更便宜、更方便、更快捷的方式從發達國家向發展中國家普及。2019 年，全球手機普及率超過 80%，發達國家互聯網使用率為 86.8%，發展中國家互聯網使用率也達到 47%，這為全球數字合作奠定了基礎。

　　從發展中國家的意願看，儘管發展中國家數字技術發展起步較晚，但多數國家已著手開展相關規劃和佈局。越南、泰國、菲律賓、馬來西亞等東南亞國家將數字化明確列為國家優先發展的方向，積極推進數字基礎設施建設，健全監管法律框架，推進無現金支付，完善物流配送。盧旺達、埃塞俄比亞、肯尼亞、尼日利亞等非洲國家在完善通信設施、電子商務、數字能力建設等方面的合作需求空間巨大。發展中國家將愈加青睞通過數字發展合作的方式促進其經濟社會發展。

　　從數字發展合作的形式看，國際社會相繼出台數字發展合作方案。世界銀行在科特迪瓦推出電子農業項目，旨在解決百萬農村家庭“上網貴”的問題。作物生產和價格信息實時可查，提高了小農生產力。更多年輕女性接受數字技術培訓，促進了貧困地區女性就業。

　　近年來，中國已通過多種方式在廣大發展中國家推進數字領域的國際發展合作，包括援建數字基礎設施、搭建數字貿易平台、開展數字科研合作、推廣遠程教育等，這為提升發展中國家數字化綜合水平奠定了基礎。

　　在改善數字基礎設施方面，中國過去為亞非國家援建了大量基礎設施，為受援助國經濟社會發展提供了動能。中國援助坦桑尼亞國家寬帶骨幹網項目使該國電話資費降低 58%，互聯網資費降低 75%，偏遠農村地區也能享受到現代通信的便利性。

　　在創新數字貿易環境方面，中國通過搭建跨境電商平台，以及在清關、倉儲、物流、技術運用等方面提供便利和培訓等途徑，幫助中小企業和弱勢群體享受貿易數字化帶來的紅利。

　　以阿里巴巴搭建的世界電子貿易平台（eWTP）為例，它旨在利用互聯網建立一個成本低、效率快、貨通全球的貿易樞紐。目前已有馬來西亞、泰國、盧旺達、埃塞俄比亞、比利時等國加入 eWTP。

　　2020 年新冠肺炎疫情期間，馬來西亞 eWTP 承擔了醫療物資倉儲、運輸、分發等重任，成為世界衛生組織指定的亞太地區重要救援樞紐。eWTP 對貧困國家特色農產品"走出去"也發揮了獨特作用。2020 年天貓"618"活動期間，"馬來西亞榴蓮交易額同比增長超 200%""3000 斤盧旺達咖啡豆秒光，農民每包多賺 4 美元"等現象成為電商數字合作促進經濟發展的國際典範。

當前，中國參與數字國際合作已經有了一定的基礎，未來可以從以下四個方面著手：

第一，因國施策，科學甄別示範性項目。精準識別受援國發展需求，選取經濟增長示範性強、發展潛力足的民生領域開展數字合作。特別是對醫療、教育、農業等援助項目開展運營管理數字化改造。

第二，推進公私合作，積極引導領軍企業出海。充分發揮私人部門技術和管理優勢，特別是支持數字化領軍企業順勢出海，發揮數字技術在應對疫情衝擊、復工復產和恢復社會生活等方面的保障作用。

第三，開展能力建設，加快培育技術人才。依託中國援建的職業技術學校、人力資源開發合作項目、獎學金項目、數字企業培訓平台等，積極為發展中國家傳授數字化管理運營新理念、新方法。

第四，深化數字開放合作，合力促進國際經濟復甦。積極利用聯合國、二十國集團（G20）、金磚國家等多邊平台，同相關數字科研機構加強對接，推廣中國數字技術、標準和服務，凝聚發展共識，攜手為促進疫情後經濟復甦提供動能。

四、可持續產業扶貧應發揮政府與市場的協同作用 [①]

精準扶貧戰略實施以來，中國的脫貧攻堅工作取得了顯著成效，貧困

———————————

① 作者：朱海波，中國農業科學院農業信息研究所副研究員。

人口從 2012 年底的 9899 萬人減至 2019 年底的 551 萬人，貧困發生率由 10.2% 降至 0.6%。到 2020 年底，作為最難啃硬骨頭的深度貧困地區也整體消除絕對貧困。

因地制宜發展當地特色產業是推動脫貧攻堅的根本出路，是實現穩定脫貧的根本之策。

通過產業扶貧，貧困戶不僅能夠增加收入，而且能夠提高家庭的人力資本，並最終脫離貧困陷阱。

國務院扶貧辦統計指出，2018 年實現脫貧的 475.4 萬貧困戶中，享受產業幫扶措施的有 352.8 萬戶，佔 74.2%。農業農村部統計，截至 2019 年 9 月，全國 92% 的貧困戶已經參與帶動作用明顯的特色優勢產業發展，已脫貧人口中主要通過產業幫扶實現脫貧的佔到 67%。儘管產業扶貧產生了良好的成效，但是不可否認，現階段的產業發展依然處於依靠政府補貼的初級發展階段，產業的市場競爭能力依然很弱，比如產業發展的組織化程度低、技術水平差、小農戶的能力不足、產銷對接不暢、品牌缺乏等問題，實現可持續產業扶貧依然面臨諸多挑戰。

可持續產業扶貧的形成受到多重因素的影響，包括基於資源稟賦的產業選擇、良好的企業發展環境、企業家精神的彰顯、政府對產業發展的支持引導、公平而有激勵的利益聯結機制等。同時，對於深度貧困地區而言，由於地處偏遠，遠離市場，其市場機制不健全，其市場主體本身能力弱小，缺乏資本，因此政府在產業扶貧中發揮著至關重要的作用。但是政府的作用也必須以培養市場主體本身的競爭能力為主要目標，也即需要發揮好市場力量與政府力量的協同作用。

第一，政府在推動貧困地區可持續產業扶貧方面，既要積極有為，也要釐清邊界。一方面，政府應積極有為。深度貧困地區的產業發展缺乏外源性支持，比如資金、技術、龍頭企業引進等，政府應充分發揮資源動員能力，充當“水龍頭”作用，積極引入資源；同時充分利用中央下撥的產業扶貧資金，發掘有潛力的產業，培育有能力的市場主體，積極謀劃推進產業發展。

以 2018 年 12 月和 2019 年 7 月兩次實地調研為例，雲南省維西傈僳族自治縣處於"三區三州"深度貧困地區，是國內為數不多的原生道地中藥材之鄉。2017 年起，偉宏公司在縣政府的引導支持下，圍繞中藥材種植加工，以"公司 + 專業合作社 + 基地 + 農戶"的訂單模式，推進深度貧困村村集體經濟發展及建檔立卡貧困戶增收脫貧，與康普鄉普樂村、札子村、阿保村、阿尼比村、康普村簽訂了股份合作協議，5 個村共投入資金 230 萬元進入公司，每年每個村能夠獲得 2 萬至 4 萬元不等的分紅，同時帶動 552 戶農戶通過訂單種植中藥材模式增收，其中建檔立卡貧困戶209 戶，戶均增收突破 5000 元。

另一方面，政府的作用應有邊界。在產業發展上，政府並非萬能，政府作用的發揮應在尊重市場規律基礎上，發揮有限責任，做好物流基礎設施建設、技術推廣、技術培訓、質量監督、公共品牌創建和具有外部性特徵的維護等公共服務工作，降低交易成本。在微觀層面上，應該讓企業、社會服務組織、合作社和農戶成為面對市場、參與競爭、自我決策、自擔風險的獨立經營主體，這樣才能有效發揮政府在產業發展中的良性作用。

第二，打造優勢特色產業，依靠龍頭企業做深做強，依託品牌化實現價值增值。貧困地區產業發展首先要甄別具有市場潛力與本地比較優勢的產業形態，只有基於貧困縣自身自然生態環境、特色農林產品與勞動力等稟賦結構優勢的產業發展，才能夠形成有競爭力的產品，進而在資源整合、精深加工、配套產業服務等產業鏈上做深做強。例如，威寧彝族回族苗族自治縣是隸屬貴州省畢節市的深度貧困縣，得益於土壤條件、高山冷涼氣候環境，出產糖心蘋果、高山洋芋、黃黨參等農特產品。

在 2018 年 12 月和 2019 年 7 月兩次實地訪談中發現，威寧彝族回族苗族自治縣藉助"數字貴州"發展戰略，以"互聯網 +"為契機，確定"電商＋現代山地高校農業園區＋農戶專業合作＋種植養殖農戶”的發展模式，大力推進威寧農特產品電商發展。以訪談的益民電子商務公司為例，該公司創立於 2016 年，得益於縣政府對電商發展的重視，加上公司運營成本很低且專注於市場，公司得以迅速發展。2019 年僅威寧的蘋果、洋芋銷售額就達到 500 萬元。

對於產業鏈的拓展延伸，要重視上游產品的規模化、標準化、以及品質化生產，通過內置村社的合作組織推動小農的組織化。要重視生鮮農產品錯季銷售的冷鏈倉儲及冷鏈物流體系建設，最大化避免季節性供過於求導致的“豐產不豐收”現象。要重視基於優質農產品產業鏈的品牌化建設，以品牌溢價創造更高的價值。

第三，貧困地區扶貧產業的發展，直接依靠貧困戶顯然行不通，深度貧困地區政府應加大產業發展市場化主體的支持培育力度，圍繞有潛力的特色產業，依靠龍頭企業、合作社等更具有能力的主體，從提升產業鏈競爭力和帶貧能力著眼，加大對這些主體包含信貸、用地、發展獎補等支持政策，推動它們的發展。

另外，在促進產業的合作化、分工化和規模化過程中，一定要積極對接貧困戶，開展技能培訓、提供就業崗位，讓貧困戶真正嵌入到產業發展中，在產業發展中受益，並提高自身發展動力與能力，實現穩定且可持續的脫貧。

例如，在 2019 年 12 月的調研中發現，新疆喀什市莎車縣晨光生物科技集團積極帶動貧困戶種植萬壽菊，實現產業脫貧。起初當地農戶對這個新生事物持懷疑態度，參與積極性不高。莎車縣政府經過調研，認識到這一產業的良好前景，於是推動各鄉幹部與企業科技人員一起積極開展宣傳工作，為農戶提供種植萬壽菊的培訓，推動企業、合作社、農戶形成產業發展聯合體。現在，萬壽菊已被莎車縣農民稱為“致富花”。

| 第三章 |

中國減貧實踐助力全球貧困治理

一、中國扶貧經驗對其他亞洲國家的啟示 [①]

　　亞洲各國資源稟賦各異，經濟發展政策不同，因此，減貧效果和貧富差異也不同。

　　面對新冠肺炎疫情對全球經濟的重大衝擊、局部武裝衝突不斷、貿易保護主義盛行，亞洲國家只有通過深化多邊合作、互學互鑒，才能實現整個亞洲的整體脫貧，維護亞洲地區的永久繁榮與穩定。

　　從總體上看，亞洲地區貧困現狀總體向好。《2019 年可持續發展報告》的最新數據顯示，就亞洲國家而言，按照每人每天 1.9 美元的國際貧困線標準，亞洲國家目前的極端貧困發生率為 1.85%，低於 2%，總體消除了絕對貧困，趨勢向好。

　　同時也要注意到，亞洲總體情況向好的前提下，有些國家還有相當數量的絕對貧困人口，這也是未來亞洲減貧的主要挑戰之一。在亞洲，極端貧困人口超過千萬的國家有三個，分別是印度（3890 萬人）、印度尼西亞（1183 萬人）和孟加拉國（1181 萬人）。

　　博鼇亞洲論壇《亞洲減貧報告》分析顯示，與非洲跨國家間貧困人口

---

① 作者：孫靚瑩，中國社會科學院世界經濟與政治研究所、國家全球戰略智庫特約研究員。

幾乎均勻分佈形成鮮明對比的是，亞洲貧困人口集中。而且，亞洲國家之間的收入差異與非洲國家性質不同，亞洲國家的貧困是發展中的不平衡，而非洲則是不發達所導致的不平衡，這也是亞洲貧困區別於世界其他地區的一個鮮明特徵。此外，亞洲國家的貧困是基本消除極端貧困後收入不平等所產生的貧困。在亞洲減貧中，較為突出的問題主要包括青年失業、營養不足以及基礎設施與公共服務落後，特別是醫療服務短缺，這也將成為未來亞洲各國減貧合作領域的重點。

　　中國的減貧經驗對亞洲有特別的啟示。中國式減貧可以被概括為兩階段減貧法。第一階段是改革開放後，伴隨經濟起飛階段的普遍式減貧，在這一階段主要依靠經濟增長消除貧困。第二階段是在單純經濟增長無法解決由收入不平等帶來的貧困時，通過政府主導，從國家政策層面實施精準扶貧，最終實現全民脫貧，擺脫極端貧困。

　　在第一階段，改革開放政策奠定了中國經濟內外循環的基礎。出口、投資及內需“三駕馬車”共同拉動經濟增長，為減貧提供了良好的客觀環境。工業化創造新的經濟增長點，帶動其他勞動密集型產業發展，為貧困人口提供了大量低門檻的就業機會，最終實現普遍式減貧。在此過程中，中國實事求是地根據發展階段制定適宜的經濟政策，例如適時引進外資企業以及允許民營經濟發展，隨之而來的大量勞動密集型產業擴大了工業化就業規模，有助於農村貧困人口通過進城打工的方式獲得高於務農所得的工資性收入，整體降低了農村的貧困水平。中國還不斷推進產業轉型升級，持續提高工業經濟效率，為促進經濟增長和提高居民收入提供了持久動力。1979 年至 2018 年，中國製造業勞動生產率從每人 2734.2 元提升至每人 157514.4 元，增長了 56.6 倍，勞動生產率的不斷提升為就業人員工資增長奠定了基礎。

　　由政府主導的精準扶貧是減貧第二階段的核心。2013 年中國政府啟動了精準脫貧。精準脫貧是在中國經濟社會的結構趨向於不利於減貧的條件下實施的立足社會公平的政治行動。精準脫貧將保護式和開發式扶貧有機對接，將中國的經濟社會發展與減貧在制度層面進行了整合，構成了中國扶貧的新實踐體系。

　　以上分析可以看出，中國式減貧對於亞洲減貧的重要啟示是，在貧困人口較多的情況下通過經濟迅速騰飛以解決大多數人口的貧困問題；另外，當貧困人口減少到 20% 以下，精準扶貧就會發揮關鍵作用。需要強調的是，精準扶貧是發展減貧過程中的政策累加而不是替代，原有的發展扶貧措施仍然也必須繼續發揮作用。經濟增長階段是一國總體減貧效果最好的時期。抓住這一時期，通過發展經濟實現大規模減貧，讓廣大勞動者參與到經濟體系之中並獲取相應的回報，是最實用、政府負擔最小的辦法。

　　秉承這一思路，亞洲國家應珍惜眼下的和平機遇期，在維護經濟共同繁榮的多邊框架基礎上，進一步推動亞洲地區的產業鏈、供應鏈以及價值鏈深度融合，加速實現亞洲地區經濟一體化。亞洲各國在要素稟賦互補、產業發展階段互補以及技術合作代際傳遞等方面，有著廣闊的合作空間和合作機會。

　　團結與穩定是 21 世紀亞洲發展的基礎。對此，全球性、區域性大國均負有不可推卸的責任。主要國家之間保持穩定、可預期的雙邊關係，是亞洲地區開展政治、經濟、社會等領域多邊合作、實現共同發展的保障。政治和社會穩定、一以貫之的發展戰略以及政府維護公平正義經濟社會制度的堅定意志，是實現減貧的重要條件。中國的減貧經驗也被來自柬埔寨、印度尼西亞、馬來西亞和越南的經驗反覆印證。穩定壓倒一切，亞洲各國應共同攜手，盡一切力量維護各國內部以及區域間的安定局面，最終實現亞洲整體性脫貧。

二、中國經驗對其他金磚國家的啟示和借鑒[①]

　　2020 年是人類歷史上不平凡的一年。突如其來的新冠肺炎疫情及其造成的經濟衰退，給國家和人民帶來了嚴重的生命財產損失。聯合國預測，此次疫情或將使之前所取得的減貧成果付之東流。但願疫情的影響只是暫時的，畢竟全球減貧的成果也是我近 40 年職業生涯中最重要的成果之一。在當今複雜多變的時代，全世界都應該認識到，減貧是世界經濟發展的偉大成就。

　　世界上許多地區的貧困人口都在大幅減少。比如，拉丁美洲的許多地區、蘇聯和東歐的部分地區、非洲的小部分地區以及北亞和東南亞的其他廣大地區。但中國一直是全球減貧事業的中心。中國已經使大多數人民擺脫了貧困，並且取得了巨大的進步。中國不僅使數億人擺脫了貧困，而且使大約一半人口的生活水平達到了七國集團主要經濟體的標準。

　　在 2001 年參與起草金磚四國報告時，我寫了一篇題為《全球需要更好的經濟之 "磚"》的論文，在文中我首次提出，巴西、俄羅斯、印度和中國代表了未來增長機遇，可能會在全球經濟中扮演越來越重要的角色。在隨後的幾年中，我和當時的高盛同事進行了探討，一致認為，到 21 世紀 30 年代後期，金磚四國的經濟規模可與七國集團相比（以名義美元計算）。我們還認為，在金磚四國的經濟規模達到七國集團的規模之前，中國的經濟規模有望趕超美國。

　　目前，新冠肺炎疫情的陰影仍然籠罩著全球大多數國家和地區。展望未來，有個問題擺在面前：中國在減貧方面取得了如此令人矚目的成就，那麼其他金磚國家可從中國的減貧成功經驗中汲取些什麼呢？中國的減貧

[①] 作者：吉姆・奧尼爾，"金磚四國" 概念首創者，英國財政部前商務大臣，英國皇家國際事務研究所主席。

經驗對於大多數非洲國家，尤其是在撒哈拉以南的非洲國家（這個地區集中了目前全球大多數貧困人口），也許更為適用。

歸根結底，經濟增長有兩個驅動因素：國家勞動力規模及其生產力。一個國家的勞動力最大的決定因素是人口趨勢，那些出生率高和預期壽命長的國家往往勞動力動態良好，而唯一能真正顯著影響勞動力規模的因素便是移民。人口眾多的國家，尤其是人口結構比較年輕的國家，經濟增長速度通常比其他國家更快。在這方面，與其他金磚國家相比，中國和印度擁有巨大的優勢，畢竟全世界只有這兩個國家的人口規模超過 10 億人。

由此引出了經濟增長的第二個決定因素，即生產力。儘管與其他金磚國家相比，中國並沒有多少天然優勢，但近幾十年來中國的生產力增長更為強勁。這是各國可以向其他國家借鑒的方面。當然，事實上，每個國家都應該向其他國家學習和借鑒，揚長避短，擇善而從。這點至關重要。

然而，提高生產力並非易事，也沒有通用的方法。我和一些經濟學家認為，有的政策或許能提高生產率，但我們也只是猜測，不敢確定。但是從非官方渠道提供的數據來看，以生產力水平和經濟繁榮程度來衡量，大多數減貧成功的國家，它們的教育、人均預期壽命、醫療衛生、人力資源和硬件基礎設施、現代科技等方面的提高和改善發揮了關鍵作用。此外，政府管理部門的連續性、穩定性和管理能力，以及宏觀經濟的穩定（包括國際貿易和投資、國債），也同樣重要。中國在以上這些方面都比其他金磚國家做得更好。

我在高盛任首席經濟學家期間不僅提出了“金磚四國”這一說法，還負責制定了“經濟環境分數”（GES）。我們挑選了 18 個對經濟可持續增長和提高生產力有顯著作用的衡量因素，從 0 到 10 分對每個變量進行評分，分數越高代表經濟可持續增長能力越強或生產效率越高，其中大多數變量已在前文中提及。高盛每年都會公佈約 180 個國家的經濟環境分數，但這項數據在 2014 年停止公佈。

　　從 2014 年的數據來看，在國家和地區中，新加坡得分最高，為 8.1
分，而厄立特里亞最低，為 2.5 分。新加坡的經濟成功本身就很重要，中
國借鑒了大量新加坡的成功經驗，從中受益良多。

　　在我看來，需要關注的是，韓國得分為 7.83 分，排在第 3 位。這一
度讓我感到驚訝，但可以看到，韓國在提高生活水平方面取得了顯著成
就，其經濟走向不容忽視。從組成部分來看，韓國在教育和技術應用方面
得分很高。有許多國家的領導人或政策顧問渴望提高本國生產力，我經常
對他們強調說，韓國是一個值得學習的國家。該國擁有 5000 多萬人口，
而且並沒有什麼得天獨厚的自然資源。

　　金磚國家中，中國得分最高，為 6.03 分。因此，我相信中國仍然可
向新加坡和韓國等其他國家學習。西方大國的得分通常介於新加坡和中國
之間，不過有趣的是，2014 年中國的得分首次超過了意大利。

　　其他金磚國家 GES 得分依次為：俄羅斯 5.51 分、巴西 5.43 分、南非
5.29 分，印度 4.22 分。印度得分最低，比中國低 100 多位，分別位列第
151 位和第 49 位。

　　縱觀指數構成，可以看出其他金磚國家可從中國學到很多東西，特別
是其教育成就、技術應用以及宏觀經濟穩定性方面的眾多指標。其中，最
重要的是中國在國際貿易和投資方面的參與度。想要真正實現全民共同富
裕的長遠目標，中國必須在各個方面繼續完善；而在其他方面，比如治理
和法治方面，則需要取得長足進步。但是，如果其他金磚國家想在減貧方
面取得像中國一樣的巨大成功，就必須向中國學習。尤其是印度，必須借
鑒中國經驗，找到一個行之有效的經濟發展模式，才能滿足其迅速增長的
人口的需求。

三、拉丁美洲可借鑒中國的扶貧經驗 [①]

拉丁美洲 18 個國家的國情各不相同，但即便是情況較好的幾個國家，貧困和極端貧困也沒有消除，更令人擔憂的是，過去幾年，貧困人口逐漸增多。聯合國拉丁美洲和加勒比經濟委員會最新數據顯示，2018 年拉丁美洲的貧困線以下人口比重為 30.1%（1.85 億人），極端貧困線以下人口比重為 10.7%（6600 萬人）。

一直以來，智利和烏拉圭是拉丁美洲的減貧大國。2018 年，這兩個國家的貧困人口比重均不到 11%，烏拉圭的極端貧困人口比重則不到 2%。拉美其他國家的情況則截然不同，這些國家中有 40% 以上的人口生活在貧困中，19% 的人口生活在極端貧困中。

整個拉美地區，過去 20 年在持續、迅速減少貧困和極端貧困發生率方面收效甚微，預計在未來幾年減貧人口也不會出現大幅減少。拉丁美洲很難實現聯合國《2030 年可持續發展議程》提出的目標：在 2030 年之前消除極端貧困和貧困人口減半。[②]

---

① 作者：貝安之，2014 至 2019 年任智利共和國駐華大使館公使銜參贊兼經貿處處長，曾任智利外交部國際經濟關係總局中國事務處處長。

② 據加經委會解釋，對於拉丁美洲而言，到 2030 年的減貧總目標是貧困人口佔比 14.5%（2019 年該指標為 29.1%）。還有一個目標，到 2030 年拉丁美洲極端貧困人口佔比 3%。"由於家庭調查的收入計量方法存在某些局限性，因此不考慮極端貧困人口佔比為零的情況，也就是説，即使消除了極端貧困，極端貧困率計量值也大於零。"見拉丁美洲和加勒比經濟委員會：《2019 年拉丁美洲社會全景》，聖地亞哥，2019 年，第 115、116 頁。

表 1[①] 拉丁美洲（15 個國家）：根據拉加經委會提供的 2015—2018 年公共數據估計的貧困率和極端貧困率[a]

	極端貧困人口				總貧困人口				2017—2018 年變化	
	2015年	2016年	2017年	2018年	2015年	2016年	2017年	2018年	EP	P
阿根廷[b]	…	2.9	2.8	3.6	…	21.5	18.7	24.4	0.8	5.6
玻利維亞	14.6	…	16.4	14.7	34.7	…	35.2	33.2	-1.7	-1.9
巴西[c]	4.0	5.0	5.5	5.4	18.8	19.8	20.3	19.4	-0.1	-0.9
智利	1.8	…	1.4	…	13.7	…	10.7	…	…	…
哥倫比亞	11.3	12.0	10.9	10.8	30.6	30.9	29.8	29.9	-0.2	0.1
哥斯達黎加	4.6	4.2	3.3	4.0	17.4	16.5	15.4	16.2	0.7	0.8
多米尼加[d]	9.2	7.2	6.4	5.0	29.7	27.3	25.0	22.0	-1.5	-3.0
厄瓜多爾	7.0	7.5	7.0	6.5	23.9	24.3	23.6	24.2	0.5	0.5
薩爾瓦多	10.4	10.7	8.3	7.6	42.6	40.5	37.8	34.5	0.8	-3.3
洪都拉斯	19.0	18.8	…	19.4	55.2	53.2	…	55.8		
墨西哥[e]	…	11.7	…	10.6	…	43.7	…	41.5	-1.0	-2.3
巴拿馬	8.0	8.5	7.6	6.2	17.9	17.0	16.7	14.5	-1.4	-2.2
巴拉圭	7.3	7.9	6.0	6.5	23.4	24.0	21.6	19.5	0.5	-2.1
秘魯	5.4	5.2	5.0	3.7	19.0	19.1	18.9	16.8	-1.3	-2.1
烏拉圭	0.2	0.2	0.1	0.1	4.2	3.5	2.7	2.9	0.0	0.3

資料來源：拉加經委會，根據家庭調查數據庫（BADEHOG）和貧困 / 極端貧困人口官方數據。

a 從 2015 年開始提供拉加經委會貧困人口估計數據的國家。

b 拉加經委會估計數據是指每年第四季度數據。官方估計是指每年下半年數據。

c 從 2016 年起，拉加經委會的估計數據基於持續性全國家庭調查（PNAD-Continua）結果，與前幾年的估計數據無可比性。所報告的官方數據參考了巴西地理統計局（IBGE）（2019）根據世界銀行低收入 / 中高收入國家標準的估算結果。

d 拉加經委會數據基於全國勞動力調查結果，指的是截至 2015 年每年 9 月統計數據。從 2016 年開始，該數據基於一年一度的持續國家勞動力調查結果。

e 官方貧困人口衡量標準是多維的。因此，採用墨西哥國家社會發展政策評估委員會（CONEVAL）發佈的估算數據作為非官方國家參考數據，即 "極端貧困人口" 是指 "低於最低福利門檻的人口"，"總貧困人口" 是指 "低於福利門檻的人口"。

---

① 拉加經委會使用統一的通用數學方法對每個拉丁美洲國家進行評估。該方法旨在對貧困人口和極端貧困人口進行分類，分類評估標準是一個人的收入或其家庭收入是否低於貧困線或極端貧困線。考慮到各個國家的糧食價格和非糧食類需求，這些線代表的是使各個家庭能夠滿足其所有成員基本需求的收入水平。見拉丁美洲和加勒比經濟委員會：《2019 年拉丁美洲社會全景》，聖地亞哥，2019 年，第 91 頁。

相反，與 2014 年相比，2018 年拉丁美洲總貧困人口增加了 2.3%，約 2100 萬人；極端貧困人口增加率則更高，為 2.9%，大約 2000 萬人。因此，自 2015 年以來，拉丁美洲貧困人口總體上增加了，特別是極端貧困人口。[1] 這為拉丁美洲各國按時完成可持續發展目標蒙上了一重陰影，形勢不容樂觀。

拉丁美洲和加勒比經濟委員會對於拉美地區實現減貧目標最樂觀的預測方案是，要求在 2019 年到 2030 年間拉丁美洲人均國內生產總值增長 2%，收入分配不均每年減少 1.5%，基尼係數每年減少 1.5%[2]，所有這些目標的實現都可謂任重道遠。

拉丁美洲消除貧困和極端貧困的當前形勢是貧困率下降的不規律性和脆弱性。預計 2020 年拉丁美洲經濟增長將大幅下滑（降幅可能高達 4% 以上）[3]，並且由於新冠肺炎疫情的影響，預計要到 2022 年至 2023 年之後才會出現緩慢復甦[4]。因此，拉美地區的當務之急是加強扶貧政策，各國政府要向中國學習，更加審慎地學習借鑒減貧的成功案例。

---

[1] 拉丁美洲和加勒比經濟委員會：《2019 年拉丁美洲社會全景》，聖地亞哥，2019 年，第 93 頁。

[2] 同 [1]，第 115、116 頁。

[3] 拉丁美洲和加勒比經濟委員會：《拉丁美洲和加勒比經濟委員會和新冠疫情：經濟和社會影響》，2020 年 4 月 3 日，引自：https://repositorio.cepal.org/bitstream/handle/11362/45351/1/S2000263_en.pdf。

[4] 高盛集團，路透社報道，2020 年 5 月 20 日，引自：https://www.reuters.com/article/us-latam-economy-goldman-sachs/latin-americas-economy-to-shrink-record-7-6-this-year-goldman-sachs-idUSKBN22V2QB。

（單位：%）

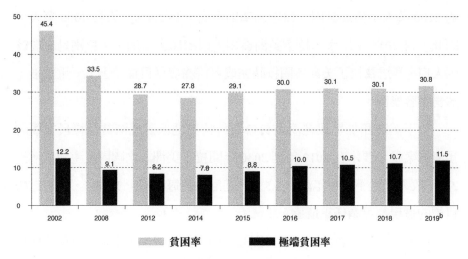

圖1　拉丁美洲的貧困率與極端貧困率 [a]

資料來源：拉加經委會，基於家庭調查數據庫（BADEHOG）。

a 下列國家的加權平均值：阿根廷、委內瑞拉、巴西、智利、哥倫比亞、哥斯達黎加、多米尼加、厄瓜多爾、薩爾瓦多、危地馬拉、洪都拉斯、墨西哥、尼加拉瓜、巴拿馬、巴拉圭、秘魯、玻利維亞和烏拉圭。

b 這些數據均為當時的預測結果。

表2　拉丁美洲（15個國家）：2018年按貧困率和極端貧困率對國家進行分類 [a]

		貧困人口					
		15% 以下	15%—20%	20%—25%	25%—30%	30%—35%	35% 以上
極端貧困人口	5% 以下	烏拉圭、智利	哥斯達黎加、秘魯	阿根廷			
	5%—10%	巴拿馬	巴西、巴拉圭	厄瓜多爾、多米尼加		薩爾瓦多	
	10%—15%				哥倫比亞	玻利維亞	墨西哥
	15% 以上						洪都拉斯

資料來源：拉加經委會，基於家庭調查數據庫（BADEHOG）。

a 僅包括提供2017年或2018年數據信息的國家/地區。除智利（2017年）外，均為2018年數據。

中國和拉丁美洲有共同的減貧目標，但在歷史文化、地理位置和種族上卻各不相同。因此，拉美國家不能直接照搬中國的減貧經驗。

但是，在觀察了中國近 20 年的政府制度建設後，我認為制度建設是一個未經探索的連接點，拉美國家可從中汲取寶貴經驗，可以根據自身的實際情況進行調整。

針對扶貧體制建設，我從中國的經驗中總結了四條可供拉美國家學習借鑒的要點，旨在在 2030 年實現消除貧困的目標。

第一，穩定的專門扶貧機構。

拉美各國政府都不重視在國家體制框架內建立和培養專門的扶貧專業人才。因此出現了減貧職責不明確（通常分散到幾個獨立的部門，如衛生、住房和教育部門）、地方民選官員不負責任或專門機構的高層官員不會從 4 — 5 年的總統任期中 "脫鈎"。因此，拉丁美洲的減貧機構不像中國那樣有國家政策的特點，所有國家政策只與當前總統任期掛鈎，沒有延續性。

中國的減貧成功有賴於一個穩固的貧困治理體系，由成立於 1986 年的國務院扶貧開發領導小組辦公室領導。領導小組為貧困地區制定有針對性的幫扶舉措，設置自上而下的省、市、縣、鄉四級扶貧管理部門，與全國各級黨委書記共同開展扶貧工作。[1]

無論中國領導層如何換屆，扶貧機構均已牢牢制度化，擔負著為中國人民謀求最高最長遠利益的責任。這是拉美國家可從中國身上汲取的最大、最基本的經驗借鑒之一：不僅要集中力量，還要把扶貧機構從其他機構的普遍做法中分離出來，使其官員和專業人員儘可能地與不斷變化的政治環境隔離。而鑒於拉美國家的政治體系性質，其每隔 4 — 5 年就會經歷一次更迭。

---

① 胡富國：《讀懂中國脫貧攻堅》，外文出版社，2019 年，第 87、100 頁。

第二，適應性強的長期扶貧政策。

拉丁美洲國家缺乏強有力和穩定的專門扶貧機構，其直接後果是無法就減貧這一議題制定長期政策。從中國的經驗來看，重要的工作領域與國家及時支持和維持政策的能力息息相關。基礎設施、住宅和醫療衛生設施的建設或工農業的發展，是中國長期延續性扶貧政策的明顯例子。這些政策在中國取得了成效，不僅需要擴大視野、加大執行力，而且還需要有分配持久預算的權力。

這種方略並不複雜，卻有著無比深遠的影響和衝擊，拉丁美洲國家必須加以研究。拉丁美洲所有國家都有一個共同的特點，那就是這些國家未能分配長期預算，為持久的減貧政策提供資金。

此外，適應性是扶貧政策的關鍵要素。據我在中國的所見所聞，中國政府相關部門會不斷根據新的環境條件對減貧領域的長期政策進行調整。中國的政策制定者會不斷根據新發現、新知識、國外經驗教訓等對其長期政策的必要性進行審查。當今時代，信息和知識可以迅速共享和融合。中國政府機構已清楚認識到當今時代的這一特點，並將這作為其政策審查程序的組成部分。因此，拉丁美洲的政策制定者切記，制定長期的減貧政策並不意味著使其固化僵化。

第三，設計精準扶貧政策。

拉丁美洲國家扶貧政策的失敗根深蒂固、來由已久，這些政策盲目投入各種無用的項目，不僅浪費了資金，還浪費了寶貴的時間。拉丁美洲朝著實現可持續發展目標走了很長一段路，雖然資金充裕，但扶貧方案卻往往執行不力。與中國相比，很容易得出這樣的結論：當前拉美減貧政策收效甚微的重要原因之一是，未對減貧政策進行精確設計，而且尚未對拉丁美洲的貧困人口進行深入普查和識別。

這可能是決策者面臨的最大難題。實際上，在這方面中國同樣也遇到了挑戰性的問題，習近平主席親力親為、為扶貧工作出謀劃策。2015 年 6

月在貴州考察時，習近平主席提出了扶貧開發工作"六個精準"的基本要求，即扶持對象精準、項目安排精準、資金使用精準、措施到戶精準、因村派人精準、脫貧成效精準。並要求扶貧政策決策者作出承諾，落實"五個一批"的脫貧措施：發展生產脫貧一批、易地搬遷脫貧一批、生態補償脫貧一批、發展教育脫貧一批、社會保障兜底一批。[①]

誠然，中國扶貧機構制定的政策可能並不完全適用於拉丁美洲的具體情況，但同時也揭示了解決政策精準相關化問題的困難性和關鍵性。具體來說，如前所述，對於拉丁美洲，我認為拉美各國可從中國經驗中受益匪淺，即建立相關機制，精準選擇扶貧政策的受益者，並針對遴選的受益者制定相應措施。

一般而言，拉丁美洲在核定貧困人口方面通常缺乏精準性，特別是由於非正規經濟在拉美普遍存在。在中國也存在這一現象，其主要區別在於中國擁有先進的技術以及本地公民身份核定和登記系統。這是拉丁美洲減貧決策者應採取的第一個重要步驟，確保不遺漏任何扶貧對象。精準登記人口信息是掌握有關家庭實際收入第一手信息的基本要求。儘管如此，拉丁美洲各國政府也應該認識到，人口登記也應該是動態的，因為貧困本身也是動態的：非貧困人口可能由於事故、健康問題、自然災害等而陷入貧困。此外，貧困人口的核定和衡量不能只考慮收入，因為貧困是多維的，涉及教育、醫療、住宅等各個方面[②]。因此，完善貧困人口核定系統是大多數拉丁美洲國家應該做出改變的第一步。

另外，中國之前的扶貧政策是一種"漫灌"系統[③]。也就是說，當時的中國扶貧政策沒有很強的針對性，更談不上精準到戶、落實到人。目前，拉丁美洲的情況正是如此。大多數拉美國家無法像中國那樣實行"精

---

① 胡富國：《讀懂中國脫貧攻堅》，外文出版社，2019 年，第 89 頁。

② 同上書，第 109 頁。

③ 同上書，第 130 頁。

準滴灌"系統，這不僅是因為沒有落實前文提到的貧困戶精準信息系統，更是因為沒有目標長遠、責任心強烈的專業化扶貧機構。

第四，扶貧目標的問責制。

拉丁美洲尚未推行針對高級減貧官員的強制性問責制。如前所述，拉美各國的減貧機構尚未脫離政府機構體系，而是受制於選舉結果，缺乏延續性和獨立性。因此，負責政策設計和執行的高級官員往往沒什麼減貧經驗，也不對行政機構負責。這些官員不是專職官員，而是一些政客，其職業道路並非終身致力於公共部門，行政制裁對其職業前途沒有重大影響。

此外，由於各部委部門與其他地方政府之間責任分散，削弱了減貧官員的責任感。因此，拉丁美洲公共行政機構的設置模式只會助長責任淡化、官員問責制的缺失，由此導致減貧工作效果平平。

不同的是，中國認識到，增強官員的扶貧責任心是達成宏偉既定目標的關鍵。因此，中國實行了一種制度，在這種制度中，往往有針對性地設計和實行相應政策，相關扶貧官員（均為公職人員）必須隨時調整。這些官員對扶貧政策的落實情況和成效，對他們的職業晉升途徑至關重要。因此，國務院扶貧開發領導小組辦公室有權每年對省、市、縣、鄉從上至下各級扶貧領導班子進行檢查和考察 [1]，獎勵扶貧成果，懲治違規行為。中國扶貧制度依賴先進的技術（各省之間的標準化統計交叉評估系統、應用程序級數據收集系統和大數據評估平台）和第三方組織（例如研究機構和社會組織）對扶貧成果進行考核，這些成果包括：受監管官員落實政策的成效、貧困人口的精準識別和精準退出、精準預算、扶貧對象的滿意度以及總體目標的完成度（例如溫飽問題、義務教育、基本醫療和住房）。

各級扶貧官員的強烈責任感是中國扶貧工作取得成功的重要原因。拉丁美洲的扶貧政府組織必須審慎考量職業專業人員、責任、問責制、檢查和結果評價等，並使其適應其自身的體制。

---

[1] 胡富國：《讀懂中國脫貧攻堅》，外文出版社，2019，第 141 頁。

四、中國減貧經驗對非洲的借鑒 ①

　　我在馬達加斯加工作 4 年來，經常有非洲朋友問我，中國是如何在短短幾十年時間內使 8 億人口擺脫貧困？中國創造反貧困奇跡的秘訣是什麼？在中國駐馬使館歷次舉辦的宣介中國的活動中，圖書展台上習近平主席的《擺脫貧困》一書總是最受歡迎。在全球減貧事業中，中國方案、中國智慧正在受到越來越多國家的重視和稱讚。

　　中華人民共和國成立以來，中國實現了從站起來、富起來到強起來的歷史性轉變，用幾十年時間走完了發達國家幾百年走過的工業化歷程。國家經濟的發展也給中國人民帶來越來越大的獲得感和幸福感，中華人民共和國成立之初到 2018 年，中國人均國民收入從約 70 美元升至 9470 美元，國民受教育程度從 80% 以上人口是文盲到九年義務教育鞏固率達 94.2%，居民預期壽命從 35 歲提高到 77 歲，中國完成了世界上最大規模人口整體脫貧，形成 4 億多人的世界最大規模中等收入群體。中國堅持以人民為中心的發展思想，實現了快速發展與大規模減貧同步，貧困人口共享改革發展成果。

　　中國 70 年減貧歷程告訴我們，道路決定命運。鞋子合不合適，只有腳知道。中國減貧事業所取得的輝煌成就，靠的是中國共產黨的堅強領導和制度優勢，靠的是全體中國人民艱苦奮鬥，靠的是走出一條符合自身國情的中國特色社會主義道路和中國特色扶貧開發道路。

　　中國與馬達加斯加等非洲國家有著相近的歷史遭遇，有著儘快擺脫貧困的共同目標。談到中國特色扶貧開發道路對正在與貧困"開戰"的馬達加斯加等非洲國家的啟示，我想主要有以下幾點：

　　一是樹立堅定信心。中國作為世界上最大的發展中國家，在一窮二白

① 作者：楊小茸，中國駐馬達加斯加前大使。

的基礎上自力更生、艱苦奮鬥，成為世界上減貧人口最多的國家，也是率先完成聯合國千年發展目標的發展中國家。

非洲大陸是發展中國家最為集中的大陸，有著良好的自然稟賦，有著勤勞智慧的人民，正處在經濟騰飛的前夜，是一片充滿希望的熱土。中國能做到的，非洲也一定能做到。有一位馬達加斯加朋友對我說，從數字上看，許多非洲國家人均國內生產總值數額不低於中國 1978 年改革開放之前的人均數字，中國通過改革開放實現了經濟騰飛，非洲國家也應堅定信心，加強與中國交流借鑒，實現經濟振興。

二是開展經驗交流。"授人以魚，不如授人以漁"。馬達加斯加正在積極實施國家振興倡議，中國的經濟發展和扶貧經驗對馬達加斯加具有一定借鑒意義。例如，馬達加斯加當前把發展作為重中之重，重視推進工業化和農業現代化，而中國始終堅持把發展作為解決貧困的根本途徑，積極推進產業化扶貧，雙方思路不謀而合。馬達加斯加是世界上生物多樣性最為豐富的國家之一，中國高度重視綠色扶貧，注重把貧困地區的生態優勢轉化為經濟優勢，積累了豐富經驗。馬達加斯加發展需要更多專業人才，中國堅持把扶貧與扶智相結合，向馬達加斯加提供職教培訓設備，迄今已邀請數千名馬達加斯加專家赴華參加各類經濟技術合作培訓，幫助馬達加斯加培養有用人才。

三是加強援助對接。中國高度重視把對非援助與非洲發展需要相對接。"要想富，先修路"。針對馬達加斯加基礎設施落後狀況，20 世紀 80 年代中國政府為馬達加斯加援建了 2 號國道，成為連接首都塔那那利佛和最大經濟城市塔馬塔夫港的經濟命脈，中國援外人員克服困難無私奉獻，5 位援外人員為此付出了寶貴的生命。近年來，中國援建的機場路、"雞蛋路"等順利推進，特別是"雞蛋路"可以解決馬達加斯加最主要雞蛋產區運輸難、破損率高的難題，有利於促進當地產業發展和民生改善。

需要強調的是，中國作為最大發展中國家，對非援助屬於南南合作範疇，體現的是窮幫窮的真誠兄弟情誼。中國堅持真實親誠理念和正確義利觀，援助不附加任何政治條件，答應非洲兄弟的事會盡心盡力辦好。

2020 年是中國歷史上具有里程碑意義的一年。因為在這一年，中國徹底消除絕對貧困，全面建成小康社會，實現第一個百年奮鬥目標。中國在奮力消除自身貧困的同時，也將積極推動全球減貧合作，促進互利共贏，實現共同發展。

五、中國減貧經驗對於孟加拉國及其他國家的借鑒 [1]

中國減貧成功主要源於三個階段的體制改革。體制改革的第一階段體現在土地制度。家庭聯產承包責任制取代了集體經濟組織（人民公社）。這項措施極大鼓舞了農民的生產積極性，打破了農業生產經營和分配上的"大鍋飯"。體制改革的第二階段體現在農產品市場。逐步的市場自由化對農產品市場進行了重組。由此，農產品價格飆升。到 1984 年，農民的工資與工人的工資相差無幾。體制改革的第三階段體現在鄉鎮企業增多，吸收了大量農村剩餘勞動力，農村經濟結構得到了優化 [2]。

但是，中國幅員遼闊，情況複雜，每個地區的改革都有不同的問題。因此在 1986 年 5 月 16 日，成立了"國務院貧困地區經濟開發領導小組"，1993 年更名為"國務院扶貧開發領導小組"。領導小組的核心職責包括考察中國欠發達地區的貧困狀況、制定解決貧困地區問題的方案等。國務院扶貧辦是該領導小組的常規辦公室。在各省、自治區、直轄市、

---

[1] 作者：尼亞茲·艾哈邁德·汗、阿爾維·斯里約恩。尼亞茲·艾哈邁德，達卡大學發展研究系教授和前主任，布拉克（BRAC）治理與發展研究所高級學術顧問，孟加拉國熱帶森林保護基金會主席，國際自然保護聯盟（IUCN）孟加拉國前代表。阿爾維·斯里約恩，孟加拉國達卡市國家紡織工程與研究所發展研究系講師。

[2] Khan, A. R., & Riskin, C. (2001). *Inequality and Poverty in China in the Age of Globalization.* Oxford University Press.

地級市和縣均設有類似但規模較小的下屬辦事處（Xiaoyun 和 Remenyi,
2008）[1]。

　　面對不平衡和發展差距的問題，中國政府制定了《中國農村扶貧開發
綱要（2001—2010 年）》，確定 14.8 萬個貧困村，制定一系列農村減貧計
劃。中國政府採取的另一項創新舉措是解決"三農"（即農業、農村、農
民）問題，包括降低農業稅、免除義務教育階段農村學生學雜費、推行農
村合作醫療等。

　　中國從"問題"的角度看待貧困這一概念。中國政府高度重視貧困狀
況，制定了詳細的扶貧政策、計劃和方案。此外，應該指出的是，在努力
縮小收入差距的同時，中國政府成功保持了經濟發展的正常運轉。由此看
來，中國的決策者從一開始就意識到，除非國民收入分配平等和公平，否
則實現高經濟增長就沒有任何意義（Yan, 2016）[2]。

　　孟加拉國和其他南亞國家可從中國的扶貧經驗中吸取經驗。需要指出
的是，這些借鑒經驗和實踐技巧並非普遍適用，也並非絕對正確，但具有
一定指導意義。旨在借鑒中國經驗，探索和提供思路，供其他國家在謹慎
考慮各自（特定）的背景、條件和實際情況後加以採納和實施。

　　中國政府從一開始就意識到不平衡問題，提前計劃並制定了應對不平
衡和其他相關問題的對策。中國的案例充分說明，任何發展舉措和議程，
都必須從一開始就著眼於認真思考和規劃社會經濟不平等問題。這點至關
重要。

　　為縮小收入分配差距，中國採取了許多有針對性的政策措施，保護和
保障弱勢群體（如農民、工人）的利益。例如，在農民和工人的收入水平
之間取得平衡，並使這些弱勢群體免受自然災害和市場失靈等突發狀況衝

---

[1]　Xiaoyun, L., & Remenyi, J. (2008). Making poverty mapping and monitoring participatory. *Development in Practice, 18* (4-5), 599-610.

[2]　Yan, K. (2016). POVERTY ALLEVIATION IN CHINA. *SPRINGER-VERLAG BERLIN AN.*

擊。後來，這些措施幫助中國緩解了城鄉發展的不平衡。

不平衡和不公正日益加劇，給孟加拉國帶來了巨大的挑戰，也給該國在減貧方面的其他令人矚目的進展蒙上了陰影（參見 Matin, 2017）[①]。一位分析人士提出了一個孟加拉國經濟發展相關問題：經濟趨勢表明，按購買力平價計算，孟加拉國現在是世界第三十一大經濟體，到 2030 年將成為第二十八大經濟體。預計到 2050 年，孟加拉國將成為第二十三大經濟體，躋身發達國家之列。無疑，這表明該國經濟增長速度是驚人的。但是，如果我們最終成為一個"不公平經濟增長"的國家，那麼這種增長進程就會變得毫無意義。

探索上述問題答案的過程中，中國的做法可能會提供有益的啟示。中國動用其龐大的人力資源，生產低成本創新產品，從而在出口導向型產業中獲得競爭優勢。中國在研發方面投入大量資金。科學技術及許多學術領域的研究得到國家的支持和鼓勵。這些研究可作為政策制定的參考和判斷的依據。南亞國家可考慮採納這種模式。

儘管中國的基礎設施和資源非常貧乏，但中國最終取得了高速經濟增長和巨大科學成就。這在國際上極為罕見。在國家層面，中國是令人鼓舞的經濟發展例證。孟加拉國和其他南亞國家可借鑒中國發展之路，"使不可能成為可能"。在南亞地區許多國家（包括孟加拉國）"向東看"的背景下，以及中國在全球秩序中的影響力和地位日益提高，中國的經濟發展案例有趣且令人鼓舞，可供其他國家研究和探討，相互學習、互惠互利。

---

① Matin, K. A. (2017) "Economic Growth and Inequality in Bangladesh", Paper presented at the 20th Biennial Conference on Economic an Ethics of the Bangladesh Economic Association. held during 21-23 December, 2017 at Dhaka.

責任編輯	席若菲
書籍設計	道　轍
書籍排版	何秋雲

書　　名	歷史性句號：全球發展視野下的中國脫貧與世界發展
主　　編	中國日報社中國觀察智庫
出　　版	三聯書店（香港）有限公司
	香港北角英皇道 499 號北角工業大廈 20 樓
	Joint Publishing (H.K.) Co., Ltd.
	20/F., North Point Industrial Building,
	499 King's Road, North Point, Hong Kong
香港發行	香港聯合書刊物流有限公司
	香港新界荃灣德士古道 220-248 號 16 樓
版　　次	2022 年 11 月香港第一版第一次印刷
規　　格	16 開（170 mm × 240 mm）208 面
國際書號	ISBN 978-962-04-4890-4

© 2022 Joint Publishing (H.K.) Co., Ltd.

Published in Hong Kong, China.